陳顯微 著 蒲團子 編訂

抱一子陳顯微道書二種

心一堂

書名：抱一子陳顯微道書二種
作者：陳顯微
編訂：蒲團子
責任編輯：陳劍聰

出版：心一堂有限公司
地址／門市：香港九龍尖沙咀東麼地道六十三號好時中心LG 六十一室
電話號碼：+852-6715-0840
網址：www.sunyata.cc
電郵：sunyatabook@gmail.com
網上書店：http://book.sunyata.cc
網上論壇：http://bbs.sunyata.cc/

版次：二零一一年十月初版
平裝

港幣　一百零八元正
定價：人民幣　一百零八元正
新台幣　四百三十元正

國際書號：ISBN 978-988-8058-78-5

香港及海外發行：利源書報社
地址：香港新界大埔汀麗路36號中華商務印刷大廈地下
電話號碼：+852-2381-8251
傳真號碼：+852-2397-1519

台灣發行：秀威資訊科技股份有限公司
地址：台灣台北市內湖區瑞光路七十六巷六十五號一樓
電話號碼：+886-2-2796-3638
傳真號碼：+886-2-2796-1377
網路書店：www.govbooks.com.tw
www.bodbooks.com.tw
經銷：易可數位行銷股份有限公司
地址：新北市新店區中正路542之3號4樓
電話號碼：+886-2-8219-1500
傳真號碼：+886-2-8219-3383
網址：http://ecorebooks.pixnet.net/blog

中國大陸發行・零售：心一堂書店
深圳地址：中國深圳羅湖立新路六號東門博雅負一層零零八號
電話號碼：+86-755-8222-4934
北京地址：中國北京東城區雍和宮大街四十號
心一堂官方淘寶流通處：http://shop35178535.taobao.com

善的十條眞義

學理重研究不重崇拜
功夫尚實踐不尚空談
思想要積極不要消極
精神圖自立不圖依賴
能力宜團結不宜分散
事業貴創造不貴模仿
幸福講生前不講死後
信仰憑實驗不憑經典
住世是長存不是速朽
出世在超脱不在皈依

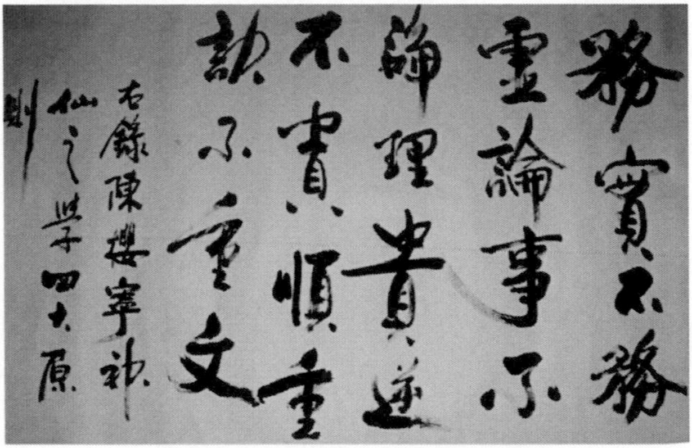

神仙學術四大原則

務實不務虛
論事不論理
貴逆不貴順
重訣不重文

存眞書齋仙道經典文庫緣起

仙道學術，淵遠流長，自軒皇崆峒問道，至今已歷數千年。然歷代仙道大家之經典著述，由於時代之變遷，或埋於館藏，或收於藏海，或佚於民間，或存於方家，若欲覓之，誠為不易。故對一些孤本要典進行重新編校整理，以免其失落，實屬必要。存眞書齋仙道經典文庫之編輯，即由此而起。

存眞書齋仙道經典文庫之整理計劃始於二零零四年，雖已歷五年，然由於諸多原因，公開出版頗費周折，文庫之第一種道言五種僅以自印本保存，流通之願難以得償。香港心一堂出版社社長陳劍聰先生，雅好道學，嘗以傳播中華固有之傳統文化為己任。在得知存眞書齋仙道經典文庫出版之困難後，遂致電於愚，願將文庫公開出版，以廣流通。善莫大焉。

存眞書齋仙道經典文庫之整理出版，意在保留仙道文化之優秀資料，故而其所入选者，以歷代具有代表性的仙道典籍或瀕於失傳之佳作为主，内容皆須合乎正統仙道之原則，不涉邪偽。凡不合乎於此者，縱為珍本，亦不在整理之列。

本文庫之整理出版，得到了胡海牙老師的大力支持，及存眞書齋諸同仁的通力協助，在此謹致以衷心的謝意。另外，還要特別感謝心一堂出版社陳劍聰先生對文庫出版所提供的方便，及張莉瓊女士、王磊（龍靈）老弟、劉坤明先生為文庫的整理、出版所付出的努力與關心。

願文庫之出版，能為仙道文化資料之保存小有裨益，則愚等之願遂矣。

己丑夏日蒲團子於存眞書齋

編輯大意

一　抱一子陳顯微道書二種係存眞書齋仙道經典文庫第八種，收錄南宋抱一子陳顯微先生著作文始眞經言外經旨又名關尹子九篇、周易參同契解兩種。

二　陳顯微，生卒未考，正統道藏抱一子參同契解鄭伯謙敘云「先生名顯微，字宗道，後隱以微名，維揚人也，號抱一子。有立聖篇及顯微卮言並抱一子書傳行於世云」，又云「抱一先生陳君，天稟夙穎，洞明性宗，嘉定癸未遇至人於淮之都梁，盡得金丹眞旨」。鄭觀應刻本關尹子九篇云：「陳祖師名希賢，道名顯微，號抱一，山東濰陽縣人。宋理宗時官御史，因亂世辭官修眞。四十五歲，遇尹眞人化度。四十八歲成道。著有立聖篇、顯微卮言、抱一子全書，並註參同契上中下三篇、關尹子九篇。歷元、明、清，均有顯蹟。曾受玉皇封爲權聖通明教主定一眞君。」道書全集本、守山閣叢書本文始眞經言外經旨抱一子自序均題署「有宋寶祐二年歲在甲寅重陽日抱一子陳顯微字道焚香再拜謹序」，其中「字道」則與鄭伯廉所云「字宗道」有異。其著今見者，有文始眞經言外經旨與周易參同契解二種。立聖篇、顯微卮言、抱一子全書等已佚。

三　文始眞經，又名關尹子，據漢劉向列仙傳云：「關令尹喜者，周大夫也。善内學，常服精華，隱德修行，時人莫知。老子西遊，喜先見其炁，知有眞人當過，物色而遮之，果得老子。老子亦知其奇，爲著書授之，後與老子俱遊流沙，化胡勝苣勝實，莫知其所終。尹喜亦自著書九篇，號曰關尹子。」李叔還道教大辭典尸部尹喜云：「尹喜，字公度，周天水人。康王時爲大夫，仰觀天象，知有聖人將西度，乃乞爲函谷關令。遇老子，迎爲師，求至道。老子授以道德經五千言而去。喜後成道，號文始先生，證位爲無上眞人，玉清上相，爲天府四相之一。著有文始經，亦名關尹子書傳世。」黃信陽道教全眞必讀云：「尹喜真人，姓宓，字公文，號關尹喜」，「在河南府靈寶縣函谷關得太上老君授以道德經五千言」。文始眞經言外經旨，係陳顯微現存世兩種著述之一。據陳顯微的弟子希微子王夷云：「抱一先生，通方大全之士也。幸聖經之出世，愍後學之不明，撤百氏之藩籬，明老、關之宗旨，或因言而析理，或轉語以明經，或設喻以彰玄，或反辭而顯奥，或句下隱義，或言外漏機，或指意於言前，或抉事於意外，大率多文始經言外之旨，故總其多者目之曰言外經旨。是經也，眞所謂剖大化之秘藏，增日月之光明，洩大易未露之機，述楞嚴秘密之藴，卽伏羲之本心，盡姬文之神思，探仲尼之精微，究諸佛之命脈，窮諸祖之骨髓，顯黃帝之機緘，露老耼之腑肺也。」

本次整理，以民國二十五年商務印書館影印守山閣叢書本爲底本，以明崇禎版道書全集本一九九〇年中國書店影印、道藏輯要本及民國年間鄭觀應刻印本鄭刻本題曰「關尹子九篇」爲參校本，篇末附有關文始眞經及關尹子的相關資料數篇。

四　周易參同契，東漢魏伯陽著，爲仙家必讀之著作，有萬古丹經王之稱，歷來註家頗多。陳顯微周易參同契解，係其與弟子論道時所作，經陳氏增補而成。本書有道書全集本、道藏本、道藏輯要本等，版本質量均差，本次整理以道書全集本爲底本，與道藏本、道藏輯要本三本互參，凡無關文意之校改，均不做校記，特此說明。

五　本書之出版，得到了龍靈先生、張莉瓊女士、吉鈺梅女士、伊永艷女士的支持，在此謹致以衷心的謝意。並感謝心一堂出版社對此書出版的支持與幫助。

辛卯年中秋節前一日蒲團子於存眞書齋

目錄

文始眞經言外經旨

周易參同契解

陳顯微 著
蒲團子 編訂

文始眞經言外經旨

序記

文始眞經言外經旨陳抱一序

夫道本無名，老子曰：「有物混成，先天地生。吾不知其名，強名曰道。」既曰無名而不知其名矣，則不可以言言也。如是則聖人於道，惟當不立言、不立文字。然聖人欲曉天下後世，苟不強立其名以述其實，則所謂道者，將絕學而無傳矣。

關令尹望雲氣以候老子出關，邀而留之，師其道而請立言以惠天下後世，則聖人慈愍後學之心至矣。及乎得老子之道傳五千言之後，乃述是書以曉天下後世，而露五千言之所未述之旨。然是道也，不可名言之道也；而是書也，所述無言之言也。則其言豈可以百家窺哉？宜乎莊子「聞其風而悅之」，自以其學出於關尹，而稱之爲古之博大眞人也。列禦寇亦師之以傳其道焉。嗚呼！至人不常生，至言不常聞，而關尹之書，自昔以來，秘傳於世，少有知者。雖聖明之朝，以莊、列二書名之爲經，而是書不傳，不得上達。使莊、列二子有知，豈不有愧於地下乎？莊子不云乎？「不離於宗，謂之天人；不離於精，謂之神人；　不離於眞，謂之至人；　以天爲宗，以德爲本，以道爲門，兆於變化，謂之聖人。」今觀是書，則知關尹子咸備四者之道，宜其稱之爲「博大眞人」矣。自淸濁兆分以來，未有立言垂訓、顯道神德、至精至凝、至元至妙如此書者也。葛稚川謂：「擒縱大道，渾淪至理，先儒未嘗言，方士不能到。」惟其尊高也，故淺近者不能窺；　惟其廣大也，故孤陋者不能造；　惟其簡易也，故該博者不能測。學者望之不及，研之不得，契之不可，咀之無味，捫揓無門，探索無路，甚至指爲俗書，以爲出於漢儒之口。噫！　是書也，莊、列不能言，文、程不能道，而謂漢儒能述之乎？

自漢明帝時，西域之教始流入中國，而其書最精微者，楞嚴、楞伽、金剛、法華也，其所言之神通妙義，變化正魔，以至無我無人之說，悉先述於是書矣。然其言簡，其義詳，又非重譯之書所可比擬也。

關尹聖人，生周末之世，與孔子同時。二聖人皆親見老子，故其言間有一二與孔子同者，如「朝聞道夕死可矣」之類，豈所聞所見亦有同得者乎？

今觀是書，首篇之言似發明五千言之旨，而爲道德經作傳也。學者當與道德經參觀之，庶幾心釋神悟於是書矣。若夫因是書感悟之後，而復隨世俗一曲之士，輕生誣謗，不生恭敬，侮聖人之言，則其人本以心之神靈者，悟是書之旨必復爲心之不神不靈者，昧其性天而隨失其悟矣。是書之靈，必至如是，讀是書者，可不若葛稚川愛之、誦之、葳之、拜之哉？今欲於强名之下强字表德，故述言外經旨云。

有宋寶祐二年歲在甲寅重陽日抱一子陳顯微字道焚香再拜謹序

文始眞經言外經旨希微子序

三教一道，人實三之。既已三矣，孰能一之？伏讀文始眞經，三教於是乎可一矣！何以言之？經曰「聞道於朝，可死於夕」，非「朝聞道夕死可矣」夫子之言乎？「我之與物，蓊然蔚然在大化中，性一而已」，非「無人無我，無眾生壽者」金剛之言乎？「以道運事者，周之百爲」，非「同歸而殊途，一致而百慮」乎？「以事歸道者，得之一息」，非「天下之動，貞夫一者」乎？是皆大易之言也。「心蔽吉凶」「男女」「盟詛」「藥餌」者，則有「靈」「媱」「沉」「狂」等鬼攝之，是則楞嚴二十五魔之說也。籩豆瓦石問答之語，是則「庭前翠柏」「拈花微笑」之機也。「得道之尊，可以輔世；得道之獨，可以立我」與夫「捐忿窒慾，簡物恕人」等語，質之孔典，語小異而義大同也。融三貫一，全經皆然；互會兼曉，不可偏舉。但後學顓於一門，獨此昧彼，非己所異，是己所同，安知聖道如天，無所不包耶！坐井而闚，宜乎毀所不見矣。

又是經秘於前代，出於近世，古無籌解，讀之愈艱。或欲解之，病乎難悉。吾師抱一先生，通方大全之士也。幸聖經之出世，愍後學之不明，撤百氏之藩籬，明老、關之宗旨，或因言而析理，或轉語以明經，或設喻以彰玄，或反辭而顯奧，或句下隱義，或言外漏機，或指意於言前，或抉事於意外，大率多文始經言外之旨，故總其多者目之曰言外經旨。是經也，眞所謂剖大化之秘藏，增日月之光明，洩大易未露之機，述楞嚴秘密之蘊，卽伏羲之本心，盡姬文之神思，探仲尼之精微，究諸佛之命脈，窮諸祖之骨髓，顯黃帝之機緘，露老聃之腑肺也。學者得見此經，誠爲不世之遇，豈可不知其幸耶！

愚蒙師親授，恩大難酬，鋟梓廣傳，用報龐德。使天下後世志道君子，得遇是經，達乎融三貫一之旨，了悟道眞，皆吾師抱一先生無窮之德施也。學者當藏拜莊誦，如葛稚川可也。敬爲之序。

有宋寶祐二禩長至日門弟子希微子王夷百拜謹序

文始眞經出世紀

道行乎教，非文不宣，蓋將以詔衆而傳遠也。故教託文顯，道因教明，三者相須而不可偏廢也。然文有隱見，教實與焉，所以關乎道之興替也。孔子著六經以明道，天下宗之，教已行矣。秦皇出而儒書焚，文既隱而教遂熄。漢出屋壁而列之，文既彰，而道乃行。是知文之隱見，卽道之晦明也。故夫子有斯文喪未之歎。一皆推之於天，信非人之智力所能及也。

我玄元道祖，當周室之衰，將有事乎西征，而關令尹望雲氣知天眞至，於是預期齋戒以俟。應兆既至，乃延而師之，受道德五千之言。及乎得其道，乃祖玄述妙，致大盡精，而著爲是經，將以擴明其教也。

按劉向言關尹子「隱德行人易之」，蓋當時潛德不耀，而教不大行。今以莊、列二書攷之，列子則見而師之，故多請問之辭；莊子則聞風悅之，遂稱之爲古之博大眞人。以二子之高致而推尊如是，其道蓋可知矣。逮秦漢之交，有蓋公者，方異之人，曹參嘗師事之，事見於史。以是書授參，參既用其道，及薨，與書俱葬。孝武復得於方士，又爲劉安匿之。吁！玄聖之書，何鬱多而通鮮邪？豈得之者懼夫漏神洩道，寶秘而爲獨善之計邪？自劉向表進之後，獨見於葛稚川之序目，兹以後，是書遂秘。由晉而來，修文輔教，如陶、寇、王、尹、李、吴、馬、杜諸大師德，所著子集見於藏室者，不啻千餘卷，終未有一言及於是書。

有宋碧虛先生，教法中博贍者也。其註老、莊，引證百家，無所不至，爲道德纂微，序乃曰今之西昇經，卽關尹子書也，又莊、列所引之句是也，或有之而亡也。緣世亡其書，道藏失載，故斯億度也。

徽皇御極，大弘玄教。政和中，雕鏤藏經九，兩詔天下，蒐訪道門隱書，甚至督責郡縣，入進者加以賞。所獲雖衆，而此書竟不出。金源大定初，重陽祖師自秦抵海，倡起全眞，追三代之淳風，續無爲之古教。長春嗣教，詔赴龍庭，陳先王之道德、慈儉、好生之諫，切切而進，妙沃聖心，大加開納，繇是清靜之化，雷動風行，化洽華夷，玄門大啟。

長春上仙之後，清和典教，名師高德輔玄翼德者，珠聯玉耀於一時。通都大邑，宮觀相望，星弁肩摩，霞裾武接，以至深山巖谷，十百爲居，草衣木食，怡然有巢許之風。雖髫童樵汲者，亦皆進德業，談道性，無妄語。一時教風之盛，自三代而下，未有如此時也。歲癸巳，有羽客張仲才南游回，詣寶玄堂，求見於宗師。炷禮畢，笈出一書，將獻之。衆師目之，題籤曰「關尹子書」。衆猶率然不爲意，取讀之，義奥文古，詞徑閟澀，猶車行螘蛭，觸途皆硋，乃相與鉤索，漸得所指，類推不已，義大昭彰，意至聖而言至希，輕輕然，冷冷然，使人如登虛無之景，遊廣漠之世，不知心迹之俱超也。衆師驚喜曰：「然則古有是書，何絕世無聞？今何從而出？」詰之。則曰游之楚，得於採山之人，蓋如李筌得陰符於石室也。衆乃拜於宗師，訴以得經之由。宗師漠然，久之曰：「時哉！時哉！斯文之出，其天意乎！是書不行於世，蓋千年矣。今天元啟瑞，道化興行，而是書出世者，是其時也。

在吾門者，宜自幸自慶生斯時，值聖教探討，服行以致其妙，則聖人雖千古之遠，遇之猶旦暮也。」嗚呼！盛哉！非天所畀，其孰能與於此？

是經之出，其異者蓋有三。全眞之教，千百世間，然一出也。此經秘絕亦千年矣，今眞教方隆，秘經隨出，不先不後，同時相值，是一異也。清和典教，蓋三傳矣，不出於前師，如有所俟。正清和典教之年，翻然而出，是二異也。既出，張君卽得之，自楚之燕，踰二千里，都無迂墜，直獻於師，如有所使者，是三異也。噫！以千載之前之尹書，付千載之後之尹氏，惠然自至，如芥投針。以斯三者而驗焉，蒼蒼之意不遠矣。昔者河出圖，洛出書，六經出於壞壁，故先王之道明，聖門恃之爲龜鑑。今聖書出於道隆之世，其萬世玄門之龜鑑乎！

繼而披雲天師刊鏤藏經，卽補入藏室，稱爲文始眞經，遵太上之命號也。眞常眞人，開置玄學，才俊聚焉，朝講夕演，多及是經。然其詞旨敻異，自成一家，略無莊、列「寓言」「駕辯」「乘風」「夢蝶」「傲世」等語。自宇至藥，分次篇目，極有奧旨。章章義異，皆不失篇題。自有書契以來，未有如此書之淵奧也。通玄而致命，知天而盡神。剖五常百行之精微，超六籍名言之迹；演四句百非之要義，異聱牙詰曲之辭。窮益深，測益遠。若履橫杖而浮大海，躡飛葉而游太虛。葛仙翁模象之語庶幾近之。屢有時彥探微索隱，作爲箋解，然跋前疐後，反爲書玷。抱一子謂咸備天、神、至、聖四者之道。如女嬰龍虎之語，丹道之妙也；鐘鼓舟車之語，禪者之機也；精水神火之語，造化之秘也；小隙小蟲之語，人事之詳也；我寓道寓之語，無言之言也。後學知其一者，不知其二；達其常者，不達其變。明乎空宗，或昧於鍊養；有無俱燭，復疎於治文。故解之者，未免有管中窺豹之誚也。

象先昨游浙右，得抱一先生所著言外經旨。其道眼高明，學問富贍，註文不爲正經文字所束，鼓舞變化，指妙意於詞章之外而不失本旨，故曰言外經旨。所謂四者之道，皆盡之矣。其跌宕超詣，出神入天，亦足以超關尹於千載之下。是註也，惟曉於上智，非訓詁之設也。夫是經，大教中不可闕者也；抱一之註，又是經中不可闕者也。經旨既明，則使玄聖之道昭昭乎如天日在上，有眼目者俱得瞻依，所謂「教託文顯，道因教明」，豈不信歟？

終南山樓觀宗聖宮，卽眞人受經結草樓之地也。人世雖更，山川良是。象先未瞻靈境，心醉聖風，游之泳之，不知在數千年之外也。因結夏是宮，就出抱一之註，札而傳之，冀乎若道若俗，若智若庸，因經悟道，因道度世，亦不辜大聖慈惠天下後世之心矣。復慮得之者昧知其來，不知尊敬，故敘出世之因，使知爲希有之遇，而不自棄也。凡我同志，其勗之哉！

時至元十八禩歲在辛巳重陽節日茆山道士朱象先稽首敬拜書於古樓觀之說經臺

文始眞經篇目

上卷

一宇宇者，道也。　二柱柱者，建天地也。　三極極者，尊聖人也。

中卷

四符符者，精神魂魄也。　五鑑鑑者，心也。　六匕匕者，食也。食者，形也。

下卷

七釜釜者，化也。　八籌籌者，物也。　九藥藥者，雜治也。

凡九篇，一百七十章。

抱一子曰：宇者，盡四方上下之稱也，故以一宇冠篇首，謂無是宇則無安身立命之地。道則遍四方上下無不在焉，無是道則天地造化或幾乎廢矣。故一宇者，道也。宇既立，不可無柱，故以二柱次之。柱者，建天地也。天地定位，聖人居中。聖人者，道之體也。聖人建中立極，故以〈三極〉次之。三才既立，四象位焉，故以〈四符〉次之。符者，契神之物，故爲精神魂魄。五居數之中，心居人之中，故以五鑑居中，以明眞心能照也。然無形則心無所寓，故以六匕次之。匕者，食也。食以養形，故形食一體。形久則化，故以七釜次之。釜者，變化萬物之器也。釜中不可無物，故以八籌次之。籌者，物也。物物可爲藥，藥可以雜治，故以九藥終之。九者，究也，盡也。物至於爲藥，功用極矣。然藥之功復能活人，有復生之理，以明萬物皆具是氣是性，可以生物，不逐形盡也。故以藥終焉。今將九篇分爲三卷，以見自一生三，自三成九之義。至九則復變爲一而無窮矣。

文始眞經言外經旨上卷

一宇篇

宇者，道也。凡二十八章。

關尹子曰　非有道不可言，不可言卽道；非有道不可思，不可思卽道。天物怒流，人事錯錯然，若若乎回也，戛戛乎鬭也，勿勿乎似而非也，而爭之，而介之，而哯之，而嘖之，而去之，而要之，言之如吹影，思之如鏤塵，聖智造迷，鬼神不識，惟不可爲，不可致，不可測，不可分，故曰天，曰命，曰神，曰玄，合曰道。

抱一子曰　老子曰：「道可道，非常道；名可名，非常名。」世之學者，罕見關尹子書，而多以百家之言及臆說解之，愈不能明老子之旨。關尹謂：「使有道不可言，則道與言爲二；惟不可言卽道，則言與道爲一。」學者驟觀「非有道不可言」，多誤認爲有道可言。若有道可言，則當云「有道非不可言」，不曰「非有道不可言」也。

今曰「非有道不可言，不可言卽道」，是則飜老子之言，以明老子言外之旨也。此言飜之，則曰「非有道不可道，不可道卽道」。既飜出「不可道卽道」，則飜出「道可道非道」矣。道可道非道，卽是老子「道可道，非常道」也。或者猶疑「可道」爲「口道」之道。愚又飜經言以曉之曰；「如曰空可空，非眞空，使其可空，卽是有物窒，而不空之處，豈謂之眞空乎？知『空可空，非眞空』，則知『道可道，非常道』矣。」或者喻曰如心心，如性性，皆可用功以人爲，而道獨不可以人爲，故不可以道道也。向非飜言外之旨，吾終世不能明老子之經旨矣。世人又多被「常」字轉了，將謂老子有非常之道。然老子立此「常」字者，政恐世人疑吾所謂道有異乎人也。殊不知此乃通天下之常道爾，猶强名曰道者，通天下之常名爾。是道也，通天徹地，亘古亘今，無往而不在，纔開口言，則去道遠矣。故曰「二」也。纔指此强名之名爲可名，則非名矣。惟不可名，故假常名强名之，猶曰「非有名不可名，不可名卽名」也。是則不可言卽道，不可名卽名，卽老子可道則非常道、可名則非常名之意也。然則老子，大聖人也，其言如天之不言之言，非有大聖人如關尹子者，疇能復以不言之言，發明其言外之旨哉！然關尹子既發明不可名言之旨矣，又恐世人謂道不可名言則可以思而得之，故又曰「非有道不可思，不可思卽道」，與上意同。噫！可言、可思，皆人也；不可言、不可思，皆天也。然則人與天果可以異觀乎？曰：人皆可曰天。然則人與天果可以同觀乎？曰：天物怒流，人事錯錯，有相若而回者，有相戛而鬭者，有相勿而似而非者，或爭而日以心鬬，或介而不交於物，或哯而呵叱之，或噴而呼喚之，或去而離之，或要而合之，天物人事，不齊如此，豈可以同觀哉？今欲以人之言思及之，譬如吹影鏤塵，徒勞心耳。是道也，聖智造之猶迷，鬼神測之不識。惟其不可爲，故曰天；不可致，故曰命；不可測，故曰神；不可分，故曰玄：合是四者，强名曰道。

關尹子曰 無一物非天，無一物非命，無一物非神，非一物非玄。物既如此，人豈不然？人皆可曰天，人皆可曰神，人皆可致命通玄。不可彼天此非天，彼神此非神，彼命此非命，彼玄此非玄。是以善吾道者，卽一物中，知天，盡神，致命，造玄。學之徇異名，析同實，得之契同實，忘異名。

抱一子曰 老子言道，繼之以「常無欲以觀其妙，常有欲以觀其徼，同謂之玄，玄之又玄，衆妙之門」。關尹子恐學者徇異名，析同實，而並以天、命、神、玄四者異觀之，故於此章重言。即一物中，可以知天、盡神、致命、造玄。物物皆然，人人本具，不可彼天此非天、彼神此非神、彼命此非命、彼玄此非玄也。是則或曰妙，或曰徼，或曰玄，亦物物皆然，人人本具。惟得之者，契其同有之實，忘其異謂之名，至於玄之又玄，可以入道矣。

關尹子曰　觀道者如觀水，以觀沼爲未足，則之河之江之海，曰水至也。殊不知我之津液涎淚皆水。

抱一子曰　觀道如觀水，則我與水爲二矣。所觀愈大，所岐愈遠。反照回光，則吾身自有沼河江海也。今之津液涎淚皆水，非吾身中之沼河江海之發見者乎？昧者不知耳。

關尹子曰　道無人，聖人不見甲是道、乙非道；道無我，聖人不見己進道、己退道。以不有道，故不無道；以不得道，故不失道。

抱一子曰　有人則我與人爲二，有我則我與道爲二。我不可有，道可有乎？我不可得，道可得乎？惟不有我者，然後能不無我；惟不得我者，然後能不失我。不有不無，不得不失，豈如事物之有成壞得喪哉？彼自執有所得者，烏足以語此。

關尹子曰　不知道，妄意卜者，如射覆盂，高之存金存玉，中之存角存羽，卑之存瓦存石。是乎？非是乎？惟置物者知之。

抱一子曰　使置物者不置物於覆盂之下，則徒勞射覆者卜度矣。是則甲置物而乙射覆，爲兩人矣。今焉，甲自置之，而甲自射之，而不知所置何物，何邪？以物欲爲盂，以識陰爲覆，雖有大智力，亦不能射此覆盂而悟其置也。何則？併與置之時忘之矣。自疑以爲他人置之而我射之，卜度終身而不能得，一旦揭去物欲之盂，破除識陰之覆，而見其所置之物，方悟置之者非他人，而前日存金存玉、存角存羽、存瓦存石之想，皆妄意也。噫！覆盂之下，果何物耶？學者毋以爲未嘗置而昧之。

關尹子曰　一陶能作萬器，終無有一器能作陶者、能害陶者；一道能作萬物，終無有一物能作道者、能害道者。

抱一子曰　謂之器矣，焉能作陶？焉能害陶？謂之物矣，焉能作道？焉能害道？然器不作陶，謂之非陶則不可；物不作道，謂之非道則不可。況器不能害陶，而害陶者必器；物不能害道，而害道者必物。然器存則陶存，物在則道在，去是器則陶安在哉？亡是物則道安在哉？果能去是器乎？器成無盡。果能亡是物乎？物生無窮。惟不器器，謂之善陶；惟不物物，謂之善道。善陶者，陶乎陶；善道者，道乎道。陶乎陶者，不知其陶；道乎道者，不知其道。不知其陶者，無器可作；不知其道者，無物可成。器乎物乎？陶乎道乎？

關尹子曰　道茫茫而無知乎，心儻儻而無羈乎，物迭迭而無非乎，電之逸乎，沙之飛乎。聖人以知心一，物一，道一，三者又合爲一。不以一格不一，不以不一害一。

抱一子曰　見物便見心，無物心不現；見心便見道，無心道不見。或曰：先達以無心是道，其說非乎？又曰：無心猶隔一重關，其說信乎？曰：見物便見心時，汝領會否？曰：會。曰：無物心不現時，心安在哉？或者茫然自失。他日復問曰：心可見乎？曰：心不可見孰可見？曰：道可見乎？曰：汝以爲道與心一乎二乎？曰：心與道可一矣。物可與道與心一乎？曰：汝欲以不一者害一乎？或者唯唯而退。

關尹子曰　以盆爲沼，以石爲島，魚環游之，不知其幾千萬里而不窮也。夫何故？水無源無歸，聖人之道，本無首，末無尾，所以應物不窮。

抱一子曰　有首有尾者，應物易窮；無本無末者，應物不窮。傳曰：「如循環之無端，孰能窮之哉！」嘗疑夫太素之先有太始，太始之先有太初，是則道未嘗無本末也。太素者，質之始；太始者，形之始；太初者，氣之始。人能返本還源，自太素以至太初，如上百尺竿頭，至矣盡矣，不可以復上矣。殊不知太初之外，更有所謂太易焉。太易者，未見氣也。是猶向百尺竿頭更一進步，方見太易，無首無尾，無源無歸，莫知所終，莫知所始者矣。雖然，學者向百尺竿頭如何進步？

蒲團子按　「如循環之無端，孰能窮之哉」一句，似見孫子兵法。

關尹子曰　無愛道，愛者水也；無觀道，觀者火也；無逐道，逐者木也；無言道，言者金也；無思道，思者土也。惟聖人不離本情而登大道。心既未萌，道亦假之。

抱一子曰　愛、觀、逐、言、思，五者出於心。心生則五者皆生，心冥則五者皆泯。經曰：「五賊在心，施行乎天。」世人有執一端以求道者，或以愛，或以觀，或以逐，或以言，或以思，起心動念，去道愈遠。惟聖人非不愛也，愛未嘗愛；非不觀也，觀未嘗觀；以至非不逐、言、思，而未嘗逐、言、思。故不離本情而登大道。聖人本情，豈異於人哉？特心未嘗萌爾。

關尹子曰　重雲蔽天，江湖黯然，游魚茫然，忽望波明食動，幸賜於天，卽而就之，漁釣斃焉，不知我無我，而逐道者亦然。

抱一子曰　逐者木也，心已萌也。有心逐道，或遇異景異物，異祥異氣，異光異明，異見異趣，異靈異通，橫執爲道，是猶魚望波明食動而就之也。惟知我無我，則心無心矣，安事逐哉？或曰：進修亦逐也，精進亦逐也，皆非乎？曰：爲學日益，故須精進進修以成其德。爲道則日損，損之又損，以至於無爲，無爲無不爲，是名眞精進。

關尹子曰　方術一作「方士」之在天下，多矣。或尚晦，或尚明，或尚强，或尚弱。執之皆事，不執之皆道。

抱一子曰　修眞錬性，圓通覺輪，所尚不同，或觀音聲而尚晦，或定光曜而尚明，或運動而尚强，或寂靜而尚弱，是數者皆可以入道，然執之則非道也，事也。苟不執之，皆可以入道。執、不執之間，相去遠哉！

關尹子曰　道終不可得，彼可得者名德不名道；道終不可行，彼可行者名行不名道。聖人以可得、可行者，所以善吾生；以不可得、不可行者，所以善吾死。

抱一子曰　道不可須臾離也，可離非道也。若夫可得、可行，則可失、可止。可失、可止，則有時而離矣。惟不可得、不可行者，須臾不可離。須臾不可離，則我在是，道在是矣。易曰：「顯道神德行。」道固自我以顯矣，而德行尤不可不神也。然聖人於道有所得者皆德也，於道有所行者皆行也，所以積德而不敢失德，累行而不敢失行。功滿三千，大羅爲仙；行滿八百，大羅爲客：此皆以可得、可行者，善吾生也。若夫不可得、不可行者，安有所謂生？安有所謂死哉？此所以善吾死也。

關尹子曰　聞道之後，有所爲、有所執者，所以之人；無所爲、無所執者，所以之天。爲者必敗，執者必失，故聞道於朝，可死於夕。

抱一子曰　道果可聞乎？聞於心而不聞於耳。道果可傳乎？傳於天而不傳於人。天其可有所爲、有所執乎？故爲者必敗，執者必失，皆人也。以是知朝不聞道於天，則人不眞死於夕。

關尹子曰　一情冥爲聖人，一情善爲賢人，一情惡爲小人。一情冥者，自有之無，不可得而示；一情善、惡者，自無起有，不可得而秘。一情善、惡，爲有知，惟動物有之；一情冥，爲無知，溥天之下，道無不在。

抱一子曰　文王之「不識不知」，孔子之「無知」，老子之「能無知乎」，皆聖人之冥情也。自有之無，不可得而名狀，其心蕩蕩乎，豈可得而示哉？若夫顏、孟之仁善，桀、跖之暴惡，皆自無起有，昭昭乎不可得而秘也。一情善惡爲有知，動物皆然；一情冥之爲無知，無知則與太虛同體矣，故曰「溥天之下，道無不在」。

關尹子曰 勿以聖人力行不怠，則曰「道以勤成」； 勿以聖人堅守不易，則曰「道以執得」。 聖人力行，猶之發矢，因彼而行，我不自行； 聖人堅守，猶之握矢，因彼而守，我不自守。

抱一子曰 時行則行，時止則止，聖人初何固必哉？ 時乎用九，則聖人自强不息，非勤也，因時而動，不容息也； 時乎用六，則聖人利永貞，非執也，因時而靜，不容動也。 易曰：「動靜不失其時，其道光明。」故學道有時節因緣，聖人初何容心於動靜哉？ 善觀聖人者，觀其時而已矣。

關尹子曰 若以言、行、學、識求道，互相展轉，無有得時。 知言如泉鳴，知行如禽飛，知學如擷影，知識如計夢，一息不存，道將來契。

抱一子曰 言、行、學、識，可以進德修業，不可以求道。 捨言、行、學、識四者之外，孰從而求之哉？ 善求道者，不即四者，亦不離四者。 知言如泉鳴，無是非之可辯；知行如禽飛，無善惡之可思；知學如揣影，無得失之可驗；知識如計夢，無事理之可尋：是則有言忘言，有行忘行，有學忘學，有識忘識，則幾於道矣。曰：然則道可求乎？曰：求則非求也，不求則眞求也，故曰「一息不存，道將來契」。

關尹子曰　以事建物則難，以道棄物則易。天下之物，無不成之難而壞之易。

抱一子曰　以事建物，天下之人爭趨之，而不憚其難。蓋有爲之功，有可把捉，成之甚難，而爲之甚易也；以道棄物，天下之人咸畏之，而不知其易，蓋無爲之功，無可把捉，成之甚易，而爲之甚難也。大而建立世界，次而建邦立國，以至成家立身，莫不積德累功，日將月就，或經年，或累歲，或終身，或積世，不憚勤勞，庶可晞冀，信不易也。至於一行之差，一念之失，一動之非，一事之誤，則隳壞世界，喪覆邦國，破家亡身，可立而待，故曰「成之難而壞之易」也。至於懸崖撒手，自肯承當，不假修爲，立地成道，至易也，非天下至剛至健之大丈夫，孰能與於此？

關尹子曰　一灼之火，能燒萬物，物亡而火何存？一息之道，能冥萬物，物亡而道何在？

抱一子曰　天下之物皆有形，有形則有我矣。若夫有形而無我者，惟火爲然。何也？火不自立，附物而現，無我也。使不附於草木金石，火果安在哉？是則天下無復存火矣。然擊之金石，鑽之竹木，則火不期至而至矣。火果有乎？火果無乎？聖人以火喻道，噫！善喻哉！

關尹子曰　人生在世，有生一日死者，有生十年死者，有生百年死者。一日死者，如一息得道；十年、百年死者，如歷久得道。彼未死者，雖動作昭著，止名爲生，不名爲死；彼未契道者，雖動作昭著，止名爲事，不名爲道。

抱一子曰　昔人謂方生方死，方死方生。蓋方生方死者，生非眞生；方死方生者，死非眞死。今有生一日死者，生果眞生乎？死果眞死乎？以至十年、百年，莫不皆然。何以知其眞死？曰：動作昭著者是也。曰：孰不動作昭著？曰：未死者止名爲生，未契道者止名爲事而已。噫！安得眞死者而與之語道哉？

關尹子曰　不知吾道無言無行，而卽有言有行者求道，忽遇異物，橫執爲道，殊不知捨源求流，無時得源，捨本就末，無時得本。

抱一子曰　言行可以進德，不可以進道。以言行求道，不惟不可得道，併與德失之矣。何則？彼求道者過於求德，則過用其心，以善言善行爲不足爲，必求奇言異行以爲跨德入道之蹊，必有異事契其異言、異物感其異行，學者不悟，橫執爲道，未有不遭魔攝。如道經佛典所云，豈止無時得原、無時得本而已哉？其害有不可勝言者矣。

關尹子曰　習射、習御、習琴、習奕，終無一事可以一息得者。惟道無形無方，故可得之於一息。

蒲團子按　「奕」，古通「弈」。後同。

抱一子曰　世事有爲，用力甚難，而人樂爲；大道無爲，用力甚易，而人不爲。何則？世事如射、如御、如琴、如奕，有物有法，可師可習，故可漸爲之，非積歲累月，不能臻其妙；大道無色無形，無數無方，不可師，不可習，不可漸造之。有彈指頃立地成道者，或累歲積日不得，或一彈指頃得之，相去遠矣。此無他，有爲之功與無爲之功不同也。

關尹子曰　兩人射相遇，則巧拙見；兩人奕相遇，則勝負見；兩人道相遇，則無可示。無可示者，無巧、無拙、無勝、無負。

抱一子曰　孔子見溫伯雪子於魯，目擊而道存，無可示者，無可言者。世有主賓相見，勘辨正邪，以較高下淺深之學者，兩俱失之，安得兩眼對兩眼者與之相見而笑哉？

關尹子曰　吾道如海，有億萬金投之不見，有億萬石投之不見，有億萬汙穢投之不見，能運小鰕小魚，能運大鯤大鯨。合眾水而受之，不爲有餘；散眾水而分之，不爲不足。

抱一子曰　以海喻道，可謂善喻矣。言其體，則金、石、汙穢、鰕魚、鯤鯨無所不納；言其用，則合受分散，善利善藏，無所不周。大哉海乎！大哉道乎！雖然，使海知有一物存留其中，知有一滴合散其中，則海之爲海殆矣。問海知乎哉？問道知乎哉？

關尹子曰　吾道如處暗，夫處明者不見暗中一物，而處暗者能見明中區事。

抱一子曰　處暗則不見我而見物，不見我則忘我而身隱矣，見物則昭著而不昧矣。能忘我而昭著不昧，聖人之功也。若夫處明則見我，見我則見明，見明則不見暗中一物，是則衆人熙熙如登春臺，我形俱顯，寵辱皆驚，昧於倚伏，而不覺不知者矣。奚取哉？

關尹子曰　小人之權歸於惡，君子之權歸於善，聖人之權歸於無所得。惟無所得，所以爲道。

抱一子曰　人皆有是權，顧所歸如何爾？權者，謂無一定之稱也。夫小人豈一定爲惡耶？能遷就爲善，則君子矣。君子豈一定爲善耶？苟造次爲惡，則小人矣。

惟聖人權如虛空，歸無所得，學者於不思善、不思惡之際而求其權之所歸，亦幾矣。

關尹子曰　吾道如劍，以刃割物卽利，以手握刃卽傷。

抱一子曰　人患不達道，達道之人，斷天下之事，無難無易，莫不迎刃而解。蓋精神剛明，智慧照徹，物來自明，事至自判，不知其所以然而然也，豈容一毫人力於其間哉？若夫揆吾精神，察吾智慧，何剛何明，何照何徹，是猶以手握刃，不傷者鮮矣。

關尹子曰　籩不問豆，豆不答籩；瓦不問石，石不答瓦。道亦不失問歟答歟，一氣往來，道何在？

抱一子曰　道無問，問無應，是則人與人居，道與道會，有問有答，一氣往來爾。胡不觀諸籩豆、瓦石乎？籩與豆終日講禮，而昧者不覩；瓦與石終日談道，而聾者不聽。然則籩之與豆、瓦之與石，有問有答乎？一氣往來乎？

關尹子曰　仰道者跂，如道者駸，皆知道之事，不知道之道，是以聖人不望道而歎，不恃道而豐，不借道于聖，不賈道于愚。

抱一子曰　道不可求也，求之者不得；　道不可逐也，逐之者不及；　道不可恃也，恃之者不尊；　道不可衒也，衒之者不貴。世之學者未造道也，仰而跂之，望而歎然，與夫師而資之，如而駸之，皆求之逐之者也。既造道矣，恃之而自豐，衒之而賈愚，皆不尊不貴者也。是則知道之事，不知道之道爾，於道何有哉？若夫聖人，則不師而得，不逐而及，不恃而有，不衒而貴，前無聖人，後無愚者，獨往獨來，知我者希，則我貴矣。

二柱篇

柱者，建天地也。凡十二章。

關尹子曰　若椀若盂，若瓶若壺，若甕若盎，皆能建天地；　兆龜數蓍，破瓦文石，皆能告吉凶。是知天地萬物成理，一物包焉。物物皆包之，各不相借，以我之精，合彼之精，兩精相搏，而神應之。一雌一雄卵生，一牡一牝胎生。形者彼之精，理者彼之神；　愛者我之精，觀者我之神。愛爲水，觀爲火，愛執而觀因之爲木，觀存而愛攝之爲金。先想乎一元之氣，具乎一物，執愛之以合彼之形，冥觀之以合彼之理，則象存焉。一運之象，周乎太空，自中而升爲天，自中而降爲地，無有升而不降，無有降而不升。升者爲火，降者爲水，欲升而不能升者爲木，欲降而不能降者爲金。木之爲物，鑽之得火，絞之得水；金之爲物，擊之得火，鎔之得水。金木者，水火之交也。水爲精、爲天，火爲神、爲地，木爲魂、爲人，金爲魄、爲物，運而不已者爲時，包而有在者爲方。惟土終始之，有解之者，有示之者。

抱一子曰　天地者，萬物父母也。萬物生於天地，而各具天地之體而微也。具是體則具是理，雖椀、盂、瓶、盎，皆有天地，龜、蓍、瓦、石，皆存吉凶。物之無情者尚爾，况氣血有情者乎？况人爲萬物之靈者乎？精神摶應，形理愛觀，執存因攝，而生生不窮矣。非天下之至達，其孰能與於此？人徒知神爲天而精爲地，而不知神火自地升，精水自天降，欲升不升者爲木、爲人，欲降不降者爲金、爲物。金木者水火之交，故各具水火之性。運而不已，四時生焉；包而有在，四方立焉。四時既生，四方既立，則大中成焉。大中成，則土爲尊矣。故始之終之，解而分之，示而顯之，皆中土之功也。自夫大中之氣，周乎太空，則天自中而升，地自中而降，而天地之形分矣。無有升而不降，無有降而不升，自上下下、自下上上之精神也。故人之髮根在首，而四肢垂下，魂神自天而降也；草木之根茹在下，而枝莖向上，精魄自地而升也。禽獸橫生，則根亦在尾矣，故雖具血氣之情，而雜金木之性，五行交雜，則蠢動蟲蟲，異稟異根，有不可勝窮者矣。

關尹子曰　天下之人，蓋不可以億兆計。人人之夢各異，夜夜之夢各異，有天有地，有人有物，皆思成之，蓋不可以塵計。安知今之天地，非有思者乎？

抱一子曰　夢中天地人物，與覺時天地人物，有以異乎？無以異乎？皆思成之乎？非思成之乎？嬰兒未解思念之時，彼見天地人物，亦不知爲天地人物也，謂之天地人物者，係乎識爾。嬰兒未識之時，能夢天地人否乎？彼初見之，恐亦未識，久而後凝，心水印之，夢斯著矣。猶如玉石鱗角之中，有山川星月，凝而結秀，則形狀具存也。然則鱗角有思乎？玉石有思乎？知鱗角、玉石之思，則知天地之思矣。

關尹子曰　心應棗，肝應榆，我通天地，將陰夢水，將晴夢火，天地通我，我與天地，似契似離，純純各歸。

抱一子曰　天地，形之大者也；人身，形之小者也。自形觀之，則有小大之辯；自神觀之，則無離契之分。天之日月明暗，卽人之精神盛衰，豈特陰夢水、晴夢火哉？地之五味藥石，卽人之五藏好惡，豈特心應棗、肝應榆哉？我與天地一乎？二乎？同歸乎？各歸乎？

關尹子曰　天地雖大，有色有形，有數有方。吾有非色非形、非數非方，而天天地地者存。

抱一子曰　生生者，未嘗生；死死者，未嘗死。是則天天者非天，地地者非地也。人徒見有形、色、數、方者，謂之天，而不知非形、色、數、方者，能天天，能地地，能生生，能死死也。學者識認得眞，體會得實，然後知不可以名言，不可以形似。昔人謂非心非物、離性離相，寒山子謂之天中之天，亦强名也，何可云謂哉？

關尹子曰　死胎中者，死卵中者，亦人亦物，天地雖大，彼固不知。

計天地者，皆我區識。譬如手不觸刃，刃不傷人。

抱一子曰　識識易，去識難。稚年一見，皓首不忘，識之粘縛於人如此，可畏哉！彼死胎中、死卵中者，不見天地固矣，然在胎在卵之時，有識性乎？無識性乎？苟無識性，則胡爲而在胎在卵？然則在胎在卵之中，果有天地乎？果無天地乎？釋氏以識爲五陰之最微者，以其難忘也。使無識則不生矣，不生則不中胎、卵、濕、化之陰矣。今日計有天地者，皆我區識自計之，天地何嘗期人之識哉？故曰「手不觸刃，刃不傷人」。

關尹子曰　夢中、鑑中、水中，皆有天地存焉。欲去夢天地者，寢不寐；欲去鑑天地者，形不照；欲去水天地者，盎不汲。彼之有無，在此不在彼，是以聖人不去天地，去識。

抱一子曰　天地有大恩於人，亦有大盜於人，知其盜則不爲其所盜矣。天地本不盜人，而人自盜之，何則？胷中之天地萬物，始如夢見，中如鑑照，終凝於神水，至死不能忘，其爲盜豈勝言哉？然夢因寐，鑑因照，水因汲，汲者取也。夢生於視，視生於取，取生於識，故曰「不去天地，去識」。言天地，則萬物在其中矣。

關尹子曰　天非自天有爲天者；地非自地有爲地者。譬如屋宇舟車，待人而成，彼不自成。知彼有待，而此無待，上不見天，下不見地，內不見我，外不見人。

抱一子曰　天不自天，所以天長；地不自地，所以地久。使人不自人，我不自我，則可以同天地之長久矣。天地果待人而成乎？待人而成者，成夫人之胷中之天地爾。待固在彼，成不成在我，故不爲天地者，上不見天，下不見地，內不見我，外不見人。

關尹子曰　有時者氣，彼非氣者，未嘗有晝夜；有方者形，彼非形者，未嘗有南北。何謂非氣？氣之所自生者，如搖箑得風，彼未搖時，非風之氣；彼已搖時，卽名爲氣。何謂非形？形之所自生者，如鑽木得火，彼未鑽時，非火之形；彼已鑽時，卽名爲形。

抱一子曰　氣不能生氣，生氣者非氣也；形不能生形，生形者非形也。或曰：氣不能生氣，則不問。敢問形不能生形，則人與萬物，以形生形，非乎？曰：枯木死屍，亦形也，能生形乎？今人與萬物，以形生形者，蓋有非形者存乎其中，雖金石草木，莫不皆然。故聖人獨以火而喻之，以明形之最精者猶若是，況形之粗者哉？非氣者搖動則生氣，非形者鑽磨則生形。氣者，天也，有時也，有晝夜也；形者，地也，有方也，有南北也。世有尅時日、擇方嚮以求生氣生形者，焉知時在天地未判之先，方乃自然南嚮之位也歟！

關尹子曰　寒暑温涼之變，如瓦石之類，置之火卽熱，置之水卽寒，呵之卽温，吸之卽涼，特因外物有去有來，而彼瓦石實無去來。譬如水中之影，有去有來，所謂水者，實無去來。

抱一子曰　愚解參同契，嘗曰「天地不能晝夜也，以日月往來而爲晝夜」「天地不能寒暑也，以日月遠近而爲寒暑也」，此言寒暑之常也。若夫盛夏寒風、三冬暴鬱，此不正之氣，非時之風，倏往忽來，非天地有爲也，客氣往來爾，故曰「如水中影，有去有來，所謂水者，實無去來」。

關尹子曰　衣搖空得風，氣呵物得水，水注水卽鳴，石擊石卽光。知此說者，風雨雷電，皆可爲之。蓋風雨雷電，皆緣氣而生，而氣緣心生。猶如內想大火，久之覺熱；內想大水，久之覺寒。知此說者，天地之德皆可同之。

蒲團子按　「呵」，守山閣叢書本、道書全集本作「阿」，道藏輯要本、鄭觀應本作「噓」。

抱一子曰　人之精神魂魄，猶天之風雨雷電，風雨雷電出於天，而人且能爲之，而自己之精神魂魄，豈不能自生自養、自葆自鍊乎？知搖空得風，則鼓吾槖籥，可以生氣；知噓物得水，則胎吾之氣，可以化精；知注水則鳴，則鍊吾之精，可以制魄；知擊石卽光，則鍛吾之魂，可以益神。是則觀天之道，執天之行，而陰符之制在氣，而氣之制在心，想火則熱，想水則寒，潛天而天，潛地而地，千變萬化，無不可爲矣。德同天地，信哉！

蒲團子按　「德同天地」之「地」字，守山閣叢書本作「也」，道書全集本、道藏輯要本、鄭觀應本均作「地」，據改。

關尹子曰　五雲之變，可以卜當年之豐歉；八風之朝，可以卜當時之吉凶。是知休咎災祥，一氣之運耳。渾人我同天地，而彼私智認而已之。

抱一子曰　五雲八風，有災有祥，皆一氣之運，而預見休咎於天地者也。烝之爲烝，神矣哉！靈矣哉！而昧者不知也。一人感之，而五雲爲之變，八風爲之遷，蓋有至靈至神者存乎其中。如是則曰人，曰我，曰天，曰地，莫不貫通。而私智認爲己有，安知虛徹靈通大同之道哉！

關尹子曰　天地寓，萬物寓，我寓，道寓。苟離于寓，道亦不立。

抱一子曰　寓者，在己無居之謂也。昔人謂：人生天地間，如白駒之過隙，忽然而已，非寓而何？我寓則天地寓，天地非自成，待我天天地地而成也。故我寓則天地寓，天地寓則萬物寓。我與天地萬物皆寓矣，而道獨不寓而長存焉，則我與道爲二矣，道何立哉？其人存則其道存，其人亡則其道息，故曰「苟離于寓，道亦不立」。

三極篇

極者，尊聖人也。凡二十七章。

關尹子曰　聖人之治天下，不我賢愚，故因人之賢而賢之，因人之愚而愚之；不我是非，故因事之是而是之，因事之非而非之。知古今之大同，故或先古，或先今；知內外之大同，故或先內，或先外。天下之物無得以累之，故本之以謙；天下之物無得以外之，故含之以虛；天下之物無得以難之，故行之以易；天下之物無得以窒之，故變之以權。以此中天下，可以制禮；以此和天下，可以作樂；以此公天下，可以理財；以此周天下，可以禦侮；以此因天下，可以立法；以此觀天下，可以制器。聖人不以一己治天下，而以天下治天下，天下歸功於聖人，聖人任功於天下，所以堯、舜、禹、湯之治天下，天下皆曰自然。

抱一子曰　天無爲而萬化成，聖人無爲而天下治。聖人何心哉？人徒見夫制禮作樂，理財禦侮，立法制器，周濟曲成而不遺，將謂聖人物物思之，事事計之，而以一己之智力，當天下之事物也。殊不知聖人本之以謙，含之以虛，行之以易，變之以權，因人之賢而賢之，因人之愚而愚之，因是是之，因非非之，不以古今而先後其心，不以内外而輕重其事，而以天下治天下也。天下歸功於聖人，聖人不自以爲功，而任功於天下。是道也，堯、舜、禹、湯得之，故「皆曰自然」。

關尹子曰　天無不覆，有生有殺，而天無愛惡；日無不照，有姸有醜，而日無厚薄。

抱一子曰　聖人猶天也，物有生殺，天無愛惡；聖人猶日也，物有姸醜，日無厚薄：是蓋聖人無爲無心之治也。

關尹子曰　聖人之道天命，非聖人能自道；聖人之德時符，非聖人能自德；聖人之事人爲，非聖人能自事：是以聖人不有道，不有德，不有事。

抱一子曰　聖人無我，故道以天命，不自有道也；德以時符，不自有德也；事以人爲，不自有事也。彼執有道、有德、有事者，庸人爾，焉能忘我哉？

關尹子曰　聖人知我無我，故同之以仁；知事無我，故權之以義；知心無我，故戒之以禮；知識無我，故照之以智；知言無我，故守之以信。

抱一子曰　聖人之五常，亦猶衆人之五常，夫豈異乎人哉？特衆人之五常未能忘我，而聖人之五常本於無我，此其所以異乎人矣。仁無我，則同天下之我以爲仁；義無我，則權天下之事以爲義；禮無我，則戒天下之心以爲禮；智無我，則照天下之識以爲智；信無我，則守天下之言以爲信：此其所以不可跂及歟。

關尹子曰　聖人之道，或以仁爲仁，或以義爲仁，或以禮、以智、以信爲仁。仁義禮智信，各兼五者，聖人一之不膠，天下名之不得。

抱一子曰　以仁爲仁，天下之人能與知而與行，至於以義、以禮、以智、以信爲仁，則非天下之至聖，其孰能與於此？何則？舉一常而五常備，互換循環，各兼五者。視賢哲之士，厚於仁而薄於義，智有餘而信不足者，大有徑庭也。易曰：「仁者見之謂之仁，智者見之謂之智。」然則聖人之道，渾渾淪淪，何可得而名狀哉！故曰「聖人一之不膠，天下名之不得」。

關尹子曰　勿以行觀聖人，道無蹟；勿以言觀聖人，道無言；勿以能觀聖人，道無爲；勿以貌觀聖人，道無形。

抱一子曰　道無形、無蹟、無言、無爲，學者何從而求之哉！不已，則求諸聖人。聖人者，道之體也。然果可以求之於聖人乎？求之於聖人者，不過言、貌、行、能而已，愈失之矣。捨言、貌、行、能之外，何從而求觀聖人哉？善觀聖人者，觀其心而不觀其跡。然則聖人之心果可觀乎？果不可觀乎？果異於吾心乎？果不異於吾心乎？前章有言曰「不借道于聖」，此之謂也。

關尹子曰　行雖至卓，不離高下；言雖至工，不離是非；能雖至神，不離巧拙；貌雖至殊，不離妍醜。聖人假此以示天下，天下冥此乃見聖人。

抱一子曰　聖人本無言、行、貌、能，不得已而假此以示天下。人徒見聖人言之工、貌之殊、行之卓、能之神，而謂道在夫四者之間，而有是非、妍醜、高下、巧拙之辨，愈不足以識聖人矣。學者冥此，而於四者之外而觀之，斯善學矣。

關尹子曰　聖人師蜂立君臣，師蜘蛛立網罟，師拱鼠制禮，師戰蟻置兵。衆人師賢人，賢人師聖人，聖人師萬物。惟聖人同物，所以無我。

抱一子曰　衆師賢，賢師聖，聖師萬物，固矣。然則聖人果師蜂立君臣，師蛛、鼠、蟻而置網、禮、兵乎？聖人同物，置作無我，天下之物，皆聖人之師也。物生自然，聖人師其自然而已矣。聖人何心哉！

關尹子曰　聖人曰道，觀天地人物皆吾道，倡和之，始終之，青黃之，卵翼之，不愛道，不棄物，不尊君子，不賤小人；賢人曰物，物物不同，旦旦去之，旦旦與之，短之長之，直之方之，是爲物易也。殊不知，聖人鄙雜，厠別分居，所以爲人，不以此爲己。

抱一子曰　聖人道則如絲之紛，事則如碁之布。聲倡倡之，聲和和之，事始始之，事終終之，色青青之，色黃黃之，物卵卵之，物翼翼之，無愛道，無棄物，不尊君子，不賤小人，此則道如絲紛也；至於鄙雜衆物，厠別分居，或短或長，或直或方，物物不同，旦旦去取，井井有條，此則事如碁布也。聖人志於道，無心無我，故不爲物易；賢人志於物，有心有人，故未免爲物所易。

關尹子曰　聖人之於衆人，飲食衣服同也，屋室舟車同也，富貴貧賤同也。衆人每同聖人，聖人每同衆人。彼仰其高、侈其大者，其然乎？其不然乎？

抱一子曰　聖人之處世，和其光，同其塵，惟恐自異於衆人，而起居衣食、貧賤富貴，何敢異於人哉？使人仰其高、侈其大者，聖人之所懼也。士成綺見老子而問曰：「吾觀子非聖人也。鼠壤有餘蔬，生熟不盡乎前，而積斂無崖。」老子漠然不應。然則聖人之處世，豈容衆人仰侈哉？

關尹子曰　魚欲異羣魚，捨水躍岸卽死；　虎欲異羣虎，捨山入市卽擒。聖人不異衆人，特物不能拘爾。

抱一子曰　莊子謂：「昔吾聞之大成之人曰：『自伐者無功，功成者墮，名成者虧。』孰能去功與名而還與衆人？　純純常常，削迹捐勢，無責于人，人亦無責焉。」此聖人不異衆人之說也。　若夫遊於雕陵而忘其身，見異鵲之利而忘其眞，虞人逐之，以吾爲戮，反走而三月不庭，此魚捨水躍岸、虎捨山入市之謂也。　雖然，聖人處衆，雖不自異，物豈能拘之哉？

關尹子曰　道無作，以道應世者是事非道；　道無方，以道寓物者是物非道。聖人竟不能出道以示人。

抱一子曰　道本無爲，以道應世者是事也；　道本無體，以道寓物者是物也。聖人終不能將出此道以示人。　然則志道之士，何從而得之哉？　昔人謂：「使道可獻人，莫不獻之於其君；　使道可進人，莫不進之於其親；　使道可傳人，莫不傳之於子孫。」惟其不可出示於人，故得之者鮮矣。　然則聖人終不示於人乎？　孔子不云乎？

「吾無隱乎爾。」善觀聖人者，當於事物之外觀之。

關尹子曰　如鐘鐘然，如鐘鼓然，聖人之言則然；　如車車然，如車舟然，聖人之行則然。　惟莫能名，所以退天下之言；　惟莫能知，所以奪天下之智。

抱一子曰　謂鐘爲鐘，人皆然之，謂鼓爲鐘，則人不測其言，所以退天下之言也；　謂車車行，人皆然之，謂舟車行，則人罔測其行，所以奪天下之智也。　是猶「犬可以爲羊」「輪不碾地」之辨也。　其可以言名乎？　其可以智知乎？

關尹子曰　蝍蛆食蛇，蛇食蛙，蛙食蝍蛆，互相食也。　聖人之言亦然。　言有無之弊，又言非有非無之弊，又言去非有非無之弊，言之如引鋸然，惟善聖者不留一言。

蒲團子按　「蛙」，鄭觀應本作「鼃」，古同「蛙」。

抱一子曰　夫大道無說，善聖者不言，非無說也，不可說也。　不可說而言之則有弊。　何則？　言則不出乎有無也。　言有則無，言無則有，言非有則非無，言非無則非有，有無相吞，互相爲弊。猶蛇、蛙、蝍蛆，互相吞食，如引鋸然，去來牽掣。是則有言不如無言也。然則聖人果不留一言乎？聖人之言滿天下，學者苟以聖人之言爲言，不惟不知言，併與聖人失之矣。

關尹子曰　若龍若蛟，若蛇若龜，若魚若蛤，龍皆能之，蛟蛟而已，不能爲龍，亦不能爲蛇、爲龜、爲魚、爲蛤。聖人龍之，賢人蛟之。

抱一子曰　聖人能大能小，能智能愚，能垢能淨，能貴能賤，能壽能夭，千變萬化，無可無不可。賢人則不然，能大者不能小，能智者不能愚。昔孔子見老聃，歸謂弟子曰：「吾今於是乎見龍。龍合而成體，散而成章，乘乎雲氣，養乎陰陽。予口張而不能嗋，又何規於老聃哉？」子貢曰：「然則人固有尸居而龍現，雷聲而淵默，發動如天地者乎？賜亦可得而觀乎？」「聖人龍之，賢人蛟之」，其是之謂歟！

關尹子曰　在己無居，形物自著，其動若水，其靜若鏡，其應若響，芒乎若亡，寂乎若清，同焉者和，得焉者失，未嘗先人，而嘗隨人。

抱一子曰　在己不自居，自居則有我矣。能無我則形物自著，非我分別而著彼形物也，此靜也。靜極則動，而其動也，如水之流；動已復靜，而其靜也，若鏡之瑩。是則雖有動靜，而何嘗動靜哉？其應物也，若響之應聲，則吾如虛空虛谷矣。芒芴乎若未嘗有，湛寂乎澈底純清，同乎物而不自異，則與物和而不競也。驚其得而不自有，則與道忘而不失也。未嘗先人，常後而不先，不敢爲天下先也。而嘗隨人，和而不倡，不得已而後動也。體用具存，權實畢備，此聖人之所以爲善聖歟！

關尹子曰　渾乎洋乎，游太初乎，時金己，時玉己，時糞己，時土己，時翔物，時逐物，時山物，時淵物，端乎權乎，狂乎愚乎。

抱一子曰　老子曰：「吾游於物之初。」孔子曰：「何謂邪？」曰：「心困焉而不能知，口辟焉而不能言。始終相反乎無端，而莫知乎其所窮。」謂之「渾乎洋乎，游太初乎」，豈不信然？至於如金在礦，如玉蘊石，則「時金」「時玉」也；道在瓦礫，道在屎溺，則「時糞」「時土」也；鶉居而鷇食，鳥行而無影，則「時翔物」也；呼我馬而謂之馬，呼我牛而謂之牛，則「時逐物」也；塊然如石，槁然如木，則「時山物」也；如鱗之潛，如魚之泳，則「時淵物」也。然則皆聖人之正行乎？皆聖之權變乎？大聖若狂，大智若愚，夫豈眞狂、眞愚也哉？

關尹子曰　人之善琴者，有悲心則聲悽悽然，有思心則聲遲遲然，有怨心則聲回回然，有慕心則聲裴裴一作「奕奕」然。所以悲、思、怨、慕者，非手非竹，非絲非桐，得之心，符之手，得之手，符之物。人之有道者，莫不中道。

蒲團子按　「所以」，守山閣叢書本作「所温」，道書全集本、道藏輯要本均作「所以」，據改。

抱一子曰　人之善琴者，得之心而符之手，得之手而符之物，而悲、思、怨、慕之心，猶足以感絲桐而聲爲之變，而況有道之人，動止周旋，無不中道，寧不感天動地、康時豐物哉？昔庚桑楚得老子之道，居畏壘之山，三年而畏壘大穰，其是之謂乎？

關尹子曰　聖人以有言、有爲、有思者，所以同乎人；未嘗言、未嘗爲、未嘗思者，所以異乎人。

抱一子曰　聖人終日言而未嘗言，終日爲而未嘗爲，終日思而未嘗思，特人不能測識爾，何以異乎人哉？

關尹子曰　利害心愈明則親不睦，賢愚心愈明則友不交，是非心愈明則事不成，好醜心愈明則物不契。是以聖人渾之。

抱一子曰　「衆人昭昭，我獨昏昏；衆人察察，我獨悶悶」，昭昭察察，則利害、賢愚、是非、好醜之心愈明矣。愈明則親、友、事、物愈難睦、交、成、契矣。惟聖人以無心渾之，則利自利、害自害、賢愚自賢愚、好醜自好醜，如是則親無不睦、友無不交、事無不成、物無不契。聖人初何容心哉！

關尹子曰　世之愚拙者，妄援聖人之愚拙自解，殊不知聖人時愚時明，時拙時巧。

抱一子曰　聖人有大巧而若拙，有大智而若愚。世之愚拙，妄援聖人以自解，則愚者愈見其愚，拙者愈露其拙，豈能自解哉？

關尹子曰　以聖師聖者，賢人；以賢師聖者，聖人。蓋以聖師聖者，徇跡而忘道；以賢師聖者，反跡而合道。

抱一子曰　有聖有賢之分者，跡也；未嘗有聖有賢之分者，道也。視聖人爲聖人，豈可跂及哉？是則徇跡而忘道也。惟不知其爲聖，而以賢師資之，則智齊於師，庶乎忘其跡而得其道矣。而古人猶謂「智與師齊，減師半德」，學者須負過師之智，則幾矣。

關尹子曰　賢人趨上而不見下，眾人趨下而不見上。聖人通乎上下，惟其宜之。豈曰離賢人、眾人別有聖人也哉？

抱一子曰　中人以上，可以語上，故賢人趨上；中人以下，不可以語上，故眾人不見上：皆偏也。聖人渾通上下，無所不趨，無所不見，在賢亦宜，在眾亦宜，和光同塵，所以異於賢人遠矣。

關尹子曰　天下之理，夫者倡，婦者隨；牡者馳，牝者逐；雄者鳴，雌者應。是以聖人制言行，而賢人拘之。

抱一子曰　聖人言滿天下無口過，行滿天下無怨惡。何則？任物理之自然，而君臣上下、父子兄弟、貴賤尊卑之間，感應貫通，出於口而行於身。譬如夫倡婦隨、牡馳牝逐、雄鳴雌應，莫不順其自然之理也。聖人初何容心哉？賢人制禮法以防人心，故不得不拘之，至有「言行」「樞機」「榮辱」之戒，「善惡」「千里」「違順」之幾，故學者不得不謹言行也。

關尹子曰　聖人道雖虎變，事則鼈行；道雖絲紛，事則棊布。

抱一子曰　前云「聖人龍之」，如易之乾卦，有「大人飛龍」之象；今云「虎變」，如易之革卦，有「大人虎變」之象。龍則言聖人之體，變化無常，飛潛莫測；虎則喻聖人之道，煥乎有文章之可觀，凜乎有威風之可畏。及乎行聖人之事，則愚夫愚婦，亦可行之。而步履方拙如鼈，初無甚高難行之舉也。「道則絲紛，事則棊布」者，以言其道若渾而難理，其事則有條而不紊也。

關尹子曰　所謂聖人之道者，胡然子子爾，胡然徹徹爾，胡然唐唐又作「堂堂」爾，胡然臧臧又作「藏藏」爾。惟其能偏偶萬物，而無一物能偶之，故能貴萬物。

抱一子曰　聖人之道如太虛，孑孑然無與爲偶，徹徹然無不洞貫，堂堂然充滿乾坤，臧臧然不容視聽。惟其能徧偶萬物，而無一物能偶之，所以貴於萬物也。老子曰「有物混成，先天地生，巍巍尊高」，其是之謂歟！

蒲團子按　「有物混成，先天地生」，見道德經；「先天地生，巍巍尊高」，見參同契。此處似混。

關尹子曰　雲之卷舒，禽之飛翔，皆在虛空中，所以變化不窮。聖人之道則然。

抱一子曰　聖人之道，如雲之在太虛，而卷舒不定；如禽之在太空，而飛翔無窮。使無此虛、空以容之，則雲、禽之變化飛翔窒矣。使聖人之道，不得無方之神、無體之玄以運之，則聖人之變化窮矣。

文始眞經言外經旨中卷

四符篇

符者，精神魂魄也。凡十七章。

關尹子曰　水可析可合，精無人也；火因膏因薪，神無我也。故耳蔽前後皆可聞，無人；智崇，無人；一奇，無人；冬凋秋物，無人；黑不可變，無人；北壽，無人：皆精。舌即齒牙成言，無我；禮卑，無我；二偶，無我；夏因春物，無我；赤可變，無我；南夭，無我：皆神。以精無人，故米去殼則精存；以神無我，故鬼憑物則神見。全精者，忘是非，忘得失，在此者非彼；抱神者，時晦明，時强弱，在彼者非此。

抱一子曰　一水析之，置於金器、石器、瓦器至於萬器，皆可也。萬器之水，復合爲一水亦可也。其水或在器析而爲萬，或離器合而爲一，其內景之德，灼然無殊。故我之精散於事物，猶水之在衆器； 收視反聽，猶合衆水而爲一。靈明絕待，窅然長存，故所見我獨，蓋精無人也。火因膏薪而後顯，非膏薪則外光不存，故我之神感而遂通，應物而顯，非物感之，則寂無所向，故所見人同，蓋神無我也。詳而推之，近身遠物，莫不皆然。

耳屬腎，雖蔽之前後皆可聞，一也； 智於五常應水，智崇，一也； 冬於時應水，冬凋秋物而歸根，一也； 黑於色應水，黑不可變，一也； 北於方應水，北壽，一也。一數奇，獨也，故皆曰「無人」，水之象也。精者水，故曰「皆精」。曰可聞，曰崇，曰奇，曰凋，曰不可變，曰壽，又皆無人有我也。

舌屬心，卽唇齒而成言，二也； 禮於五常應火，禮卑，二也； 夏於時應火，夏因春物而榮華，二也； 赤於色應火，赤可變，二也； 南於方應火，南夭，二也。二數偶，兩也，故皆曰「無我」，火之象也。神者火，故曰「皆神」。曰成言，曰卑，曰偶，曰因，曰可變，曰夭，又皆無我也。

精無人，如粟中之有米，故曰「米去殼則精存」； 神無我，如鬼無體，附物則見，故曰「鬼憑物則神見」。

夫是非得失，因待而有，全精者旣無人，則無所待，故忘是非、忘得失，猶米去殼而精存也。曰「在此」者，我也；「非彼」者，是非得失也；「時晦明，時强弱」者，隨時之宜也。抱神者既無我，則常應常靜，猶鬼憑物而神見也。曰「在彼」者，因時也；「非此」者，無我也。學者知乎此，則知所以無人無我、全精抱神之道也。

關尹子曰　精神，水火也，五行互生滅之，其來無首，其往在尾，則吾之精一滴無存亡爾，吾之神一欻無起滅爾。惟無我無人，無首無尾，所以與天地冥。

抱一子曰　精神，水火也。自水生木，木生火，火生土，土生金，金復生水，則互生也；自火尅金，金尅木，木尅土，土尅水，水復尅火，則互滅也。其來無首，其往無尾，滅已復生，生已復滅，則知精未嘗有一滴存亡、神未嘗有一欻起滅。惟無我無人，無首無尾，與天地冥契，則精神長存矣。

關尹子曰　精者水，魄者金，神者火，魂者木。精主水，魄主金，金生水，故精者魄藏之；神主火，魂主木，木生火，故神者魂藏之。惟火之爲物，能鎔金而銷之，能燔木而燒之，所以冥魂魄。惟精在天爲寒，在地爲水，在人爲精；神在天爲熱，在地爲火，在人爲神；魄在天爲燥，在地爲金，在人爲魄；魂在天爲風，在地爲木，在人爲魂。惟以我之精合天地萬物之精，譬如萬水可合爲一水；以我之神合天地萬物之神，譬如萬火可合爲一火；以我之魄合天地萬物之魄，譬如金之爲物，可合異金而鎔之爲一金；以我之魂合天地萬物之魂，譬如木之爲物，可接異木而生「生」，又作「植」之爲一木：則天地萬物，皆吾精、吾神、吾魄、吾魂，何者死？何者生？

抱一子曰　精水一，合魄金四，爲五；神火二，合魂木三，爲五。精藏魄而神藏魂，是則四物雖居兩處，可以一五擒之。然魂木爲龍，魄金爲虎，使魂藏於神，魄藏於精，則二物分於二所，終不能相制。惟火能鎔金燔木，故神可以制魂魄。殊不知神寓於魂，如火附於木，而火二木三之五，運於西北，制精鍊魄，使四象五行俱歸於土，實資神火之功也。故丹法始終全資火候者，火之功用大矣哉！至於合天地萬物之水火金木，皆爲吾之精神魂魄。譬如萬水可合爲一水，萬火可合爲一火，異金可鎔爲一金，異木可接爲一木。此則山河大地皆吾法身之妙用也，安有所謂生，安有所謂死哉！

關尹子曰　五行之運，因精有魂，因魂有神，因神有意，因意有魄，因魄有精。五行迴環不已，所以我之僞心，流轉造化，幾億萬歲，未有窮極。然核芽相生，不知其幾萬株，天地雖大，不能芽空中之核；雌卵相生，不知其幾萬禽，陰陽雖妙，不能卵無雄之雌。惟其來干我者，皆攝之以一息，則變物爲我，無物非我。所謂五行者，孰能變之？

抱一子曰　精神魂魄意，五者迴環，相生不已，則人之僞心，輪迴四生六道，經幾億萬年，未有窮極。何則？有此僞心則有此僞意，有意則有魄，有魄則有精，有精則有魂，有魂則有神，有神則又有意矣。彼空中之核，與無雄之雌，胡爲而不芽不卵耶？蓋精不存也。物則自清而入濁，故始因精而終成魄；神則自微而入妙，故始因意而終成神。蓋意土數五，而五與人俱生，故首與四肢，及手足之指，皆五也。使終能至神而不復生意，則遇物對境，當以一息攝之，則變物爲我矣。無物非我，則五行皆爲吾用，而不復有相生相滅之機，孰能變之哉？ 此永不輪迴、不受生之妙用也。學者知之乎？

關尹子曰 衆人以魄攝魂者，金有餘則木不足也； 聖人以魂運魄者，木有餘則金不足也。 蓋魄之藏，魂俱之； 魂之游，魄因之。 魂晝寓目，魄夜舍肝，寓目能見，舍肝能夢。 見者魂，無分別，析之者分別，析之曰天地者，魂狃習也； 夢者魄，無分別，析之者分別，析之曰彼我者，魄狃習也。 土生金，故意生魄。 神之所動，不名神，名意； 意之所動，不名意，名魄。 惟聖人知我無我，知物無物，皆因思慮計之而有，是以萬物之來，我皆對之以性，而不對之以心。 性者，心未萌也。 無心則無意矣。 蓋無火則無土，無意則無魄矣。 蓋無土則無金，一者不存，五者皆廢。 既能渾天地萬物以爲魂，斯能渾天地萬物以爲魄。 凡造化所妙皆吾魂，凡造化所有皆吾魄，則無有一物可役我者。 郭本有「火生土故神生意」七字在「土生金故意生魄」之上。

抱一子曰　愚解前章，謂物之自精至魄，從清入濁，而魄盛則死矣，故曰「金有餘則木不足」。若夫聖人自意生身，至於成神，則木有餘，金不足。魂有餘者，多覺；魄有餘者，多夢。覺之與夢，皆能分別者，非魂魄能自析之也，皆有眞性存乎其中，而狃習既久，而能生此分別識也。惟聖人知我無我，知物無物，皆因心意計之，故對境忘識，無意而對之以性。性者，心未萌也。無心則無意矣。一意不存，五行皆廢。斯能渾天地造化之所妙者，皆爲吾魂；渾天地造化之所有者，皆爲吾魄。是則萬物皆爲吾役，而不役於物矣。

關尹子曰　「鬼」「云」爲「魂」，「鬼」「白」爲「魄」，於文則然。鬼者，人死所變。云者風，風者木；白者氣，氣者金。風散故輕清，輕清者上天；金堅故重濁，重濁者入地。輕清者魄從魂升，重濁者魂從魄降。有以仁升者爲木星佐，有以義升者爲金星佐，有以禮升者爲火星佐，有以智升者爲水星佐，有以信升者爲土星佐；有以不仁沉者木賊之，不義沉者金賊之，不禮沉者火賊之，不智沉者水賊之，不信沉者土賊之。魂魄半之，則在人間。升魂爲貴，降魄爲賤；靈魂爲賢，厲魄爲愚；輕魂爲明，重魄爲暗；揚魂爲羽，鈍魄爲毛；明魂爲神，幽魄爲鬼：其形其居，其識其好，皆以五行契之。惟五行之數，參差不一，所以萬物之多，盈天地間，猶未已也。以五事歸五行，以五行作五蟲，可勝言哉！譬猶兆龜數蓍，至誠自契，五行應之。誠苟不至，兆之數之，無一應者。聖人假物以游世，五行不得不對。

抱一子曰　「云」「白」，今之楷字也，自秦之程邈變古篆爲隸，王次仲卽隸成楷而後有也。在當時字體，與今不同，「」字，古之「云」字；「」字，古之「白」字：是則「」「鬼」爲「魂」，「」「鬼」爲「魄」，於古文則然。「」則從「虛」，輕清，故爲風。「」，古「風」字。「」則從「身」，重濁，故爲氣。「」，古「氣」字。然則古人製字，亦或有道焉。

風屬木，氣屬金。木主升，金主降。以五常而升者，爲五星之佐；反五常而沉者，爲五行所賊。楞嚴所述「升沉之報」，與此同義。

魂魄相半，則在人間。然常人止有三魂七魄，故魂多者爲貴、爲賢、爲明、爲羽、爲神，魄多者爲賤、爲愚、爲暗、爲毛、爲鬼，而其識其好，皆契五行。惟五行參差不一，故胎卵濕化，有色無色，有想無想，等類衆生，盈天地間，生生不已也。然聖人本無我，不假於物，則不能游世，如火不附木則無所託形。然物之在世，豈能堅久哉？聖人必以五行對之，然後生生不窮。如水火相尅卻成既濟，金木相尅卻成夫婦，皆對法也。是道也，如兆龜數蓍，至誠自契。誠若不至，則五行無一應者矣。

關尹子曰　五者具有魂。魂者識，目者精，色者神。見之者爲魂，耳、目、口、鼻、心之類。在此生者，愛爲精，爲彼生父本；觀爲神，爲彼生母本。愛、觀雖異，（郭本於此有「皆因」二字）識生。彼生生本，在彼生者，一爲父，故受氣於父，氣爲水；二爲母，故受血於母，血爲火。有父有母，彼生生矣。惟其愛之無識，如鎖之交；觀之無識，如燈之照。吾識不萌，吾生何有？

抱一子曰　目、耳、鼻、口、心，謂之五根；聲、色、香、味、事，謂之五塵；觀、聽、嗅、嘗、思，謂之五識。五根主於精，精，有我無人之物也；五塵主於神，神，無我卽物而見也；五識主於魂，故曰魂識，蓋根、塵、識三者具而後有魂也。父以精愛，母以神觀；愛爲水，觀爲火；水爲氣，火爲血。父精母血交，而識存乎中，此降本流末、生生不窮之理也。若夫愛無識而如鎖之交，觀無識而如燈之照，則吾識未嘗萌，吾生何嘗有哉！

關尹子曰　如桴扣鼓，鼓之形者，我之有也；鼓之聲者，我之感也。桴已往矣，餘聲尚在，終亦不存而已矣。鼓之形如我之精，鼓之聲如我之神，其餘聲者猶之魂魄。知夫倏往倏來，則五行之氣，我何有焉？

抱一子曰　精如鼓，神如聲，餘聲如魂魄，固矣。然則鼓不扣則不生聲，精不感則不生神。扣鼓以桴，桴亡則雖有餘聲，終亦不存矣；感精以氣，氣亡則雖有魂魄，終亦不存矣。是則五行之氣，倏往倏來，我本無有，而我之所有者，扣桴感氣者而已矣。或問：今欲聲聲不絕，鼓鼓長存，畢竟以何道感之？曰：請放下手中桴，方向汝說。

中見多有事。

關尹子曰　夫菓之有核，必待水、火、土三者具矣，然後相生不窮。三者不具，如大旱、大潦、大塊，皆不足以生物。夫精水、神火、意土，三者本不交，惟人以根合之，故能於其中橫見有事，猶如術祝者，能於至無中見多有事。

抱一子曰　世之術祝，能於無中見多有事，如張諧作五里之霧，左慈擲梁上之杯。是道也，無出於精、神、意三者合而爲之，如菓之有核，必待水、火、土三者具而後生。三者不交，則如大旱、大潦、大塊，不能生物。然三者本不能自交，惟人以根合之。如男女二根交精而生形也。然天有天根，地有地根，人有人根，造化有造化之根。人能於造化之根上，以起天地之根，則能無中生有，變化之道也。

關尹子曰　魂者，木也。木根於冬水，而華於夏火，故人之魂藏於夜精，而見於晝神。合乎精，故所見我獨，蓋精未嘗有人；合乎神，故所見人同，蓋神未嘗有我。

抱一子曰　此章獨言木喻者，發明上章言根之旨也。蓋木爲魂、爲人也。人之所以爲人，以魂識晝夜隱見精神之中而已矣。精，一也，故魂識合精，則所見惟我獨；神，二也，故魂識合神，則所見與人同。如木之根於冬而榮於夏，卽魂之藏於夜而見於晝也。知夫木之根，則知魂之根矣。知夫魂之根，則知天地造化之根矣。

關尹子曰　知夫此身如夢中身，隨情所見者，可以飛神作我而游太清；知夫此物如夢中物，隨情所見者，可以凝精作物而駕八荒。是道也，能見精神而久生，能忘精神而超生。吸氣以養精，如金生水；吸風以養神，如木生火：所以假外以延精神。漱水以養精，精之所以不窮；摩火以養神，神之所以不窮：所以假內以延精神。若夫忘精神而超生者，吾嘗言之矣。

抱一子曰　人假精神以有生。善養精神者，能見精神而久生，陰符經謂「天有五賊，見之者昌」是也；能忘精神而超生，陰符經謂「人知其神而神，不知不神而所以神」也。世有夢飛神而游太清者，亦有夢乘物而駕八荒者。此身此物，皆如夢幻。夢而能之者，靈於神也；覺而不能者，拘於形也。惟能自見精神者，覺夢一致，可以飛神作我，可以凝精作物，是皆法之妙用也。至於吸炁吸風以益金木於外，漱水摩火以養精神於内，亦皆足以延精神。斯術之粗者也。若夫忘精神而超生者，道也。是道也，隱然述於此書，又在夫人之自得而已矣。

關尹子曰　人勤於禮者，神不外馳，可以集神；人勤於智者，精不外移，可以攝精。仁則陽而明，可以輕魂；義則陰而冥，可以御魄。

抱一子曰　聖人因人之常心之所固有者立爲五常，皆自然而然，非有牽强，故曰「常」也。人能循此常而行之，至可以集神攝精、輕魂御魄。蓋人之五神主此五常，猶天之五星主此五事也。火星主禮，禮主升，火亦升，神屬火，人勤於禮者，神不外馳，可以集神。其餘如木星主仁、金星主義、水星主智，而木輕、金冥、水降，所以能輕魂、御魄、攝精，莫不皆然。只言四者，四物具則土在其中，四常具則信在其中，四神具則意在其中，四方立則中在其中，孟子亦只言四端而不及信，與此意同。

關尹子曰　蜣蜋轉丸，丸成而精思之，而有蠙白者存丸中，俄去殼而蟬。彼蜣不思，彼螟奚白？

抱一子曰　此章言感化之機能動無情之物也。丸本無情，而蜣蜋轉而精思之，則螟生丸中，俄去殼而化為蟬。外爐金丹，生於金鼎神室之中。神室本虛器，全藉守爐之人神識不昧、晝夜精觀，而神丹生於虛器之中。外丹既熟，而內丹亦就，化形而仙矣。參同契曰：「萬象憑虛生，感化各有類。」感化者，亦蜣精思之意耶！

關尹子曰　庖人羹蠏，遺一足几上，蠏已羹而遺足尚動，是生死者，一氣聚散爾。不生不死，而人橫計曰生死。

抱一子曰　人以動物為有生，今釜中之蠏已羹，而几上之遺足尚動，是則生者一氣之聚，死者一氣之散。而彼非氣者，何嘗有聚散生死哉？人橫計之爾。

關尹子曰　有死立者，有死坐者，有死臥者，有死病者，有死藥者，等死，無甲乙之殊。若知道之士，不見生，故不見死。

抱一子曰　世人不知我本無生，而見坐脫立亡者，以為了達，見臥死、病死者，以爲未了達，殊不知均一死爾，初無甲乙之殊。惟知道者未嘗有生，故不見其生；未嘗有死，故不見其死。

生死心、超生死心，止名爲妖，不名爲道。

關尹子曰　人之厭生死、超生死者，皆是大患也。譬如化人，若有厭生死心、超生死心，止名爲妖，不名爲道。

抱一子曰　老子謂：「專炁致柔，能如嬰兒。」今問嬰兒曰：汝生乎？則不知也。汝死乎？則不知也。然則人之有厭生死心，非大患乎？有超生死心，非妖乎？

關尹子曰　計生死者，或曰死已有，或曰死已無，或曰死已亦有亦無，或曰死已不有不無，或曰當幸一作「喜」者，或曰當懼者，或曰當任者，或曰當超者，愈變識情，馳騖不已。殊不知我之生死，如馬之手，如牛之翼，本無有，復無無。譬如水火，雖犯水火，不能燒之，不能溺之。

抱一子曰　以馬之無手、牛之無翼，以況我之未嘗有生死也；以水犯水、火犯火，以況我之入生死也。然則既曰如馬手牛翼之未嘗有矣，又何入哉？曰：以未嘗有生而入死，以未嘗有死而入生，是則入亦無入，犯亦無犯。若夫以謂或有或無，或幸或懼，或任或超，愈變情識，而馳鶩愈遠矣，安足以知此哉！

五鑑篇

鑑者，心也。凡二十章。

關尹子曰　心蔽一作「弊」，下同吉凶者，靈鬼攝之；心蔽男女者，淫鬼攝之；心蔽幽憂者，沉鬼攝之；心蔽放逸又作「逐放」者，狂鬼攝之；心蔽盟詛者，奇鬼攝之；心蔽藥餌者，物鬼攝之。如是之鬼，或以陰爲身，或以幽爲身，或以風爲身，或以氣爲身，或以土偶爲身，或以彩畫爲身，或以老畜爲身，或以敗器爲身。彼以其精，此以其精，兩精相搏，則神應之。爲鬼所攝者，或解奇事，或解異事，或解瑞事，其人傲然，不曰鬼于躬，惟曰道于躬，久之，或死木，或死金，或死繩，或死井。惟聖人能神神，而不神于神，役萬物而執其機，可以會之，可以散之，可以禦之，日應萬物，其心寂然。

抱一子曰　聖人能神神而不神于神，衆人神于神而不能神神。能神神，則日應萬物，其心寂然；神于神，則心蔽事物，而爲鬼所攝。鬼亦神之純陰者也，故亦無我而附物爲身，既認物爲我身，則精存于物，物我相搏，則神應之。故爲鬼所攝者，或能瑞異，或知吉凶，其人傲然，自謂得道，不悟魔攝，久致喪身。

五行賊之，隨類死物，如釋教楞嚴所述二十五魔，一同是說也。在周末之時，釋教未入中國，已先述於是書矣。較之釋經，理詳而辭簡，然而關尹子書，豈一曲之士所能測識邪！

關尹子曰　無一心，五識並馳，心不可一；無虛心，五行皆具，心不可虛；無靜心，萬化密移，心不可靜。借能一，則二偶之；借能虛，則實滿之；借能靜，則動搖之。惟聖人能斂萬有於一息，無有一物可役吾之明徹；散一息於萬有，無有一物可間吾之云爲。

抱一子曰　聖人之心，能斂能散，斂則會萬有於一息，散則敷一息於萬有，初不待一之、虛之、靜之也。苟用工於一，則不一矣；用工於虛，則不虛矣；用工於靜，則不靜矣。惟其不用工於一，不用工於虛，不用工於靜，則此心未嘗二、未嘗實、未嘗動也。雖曰斂散，何嘗斂散哉！如是則日應萬變，吾心寂然，無一物可役吾之明徹，無一物可間吾之云爲。聖人以五鑑明心，信乎，其爲鑑矣。

關尹子曰　火千年，俄可滅；識千年，俄可去。

抱一子曰　火本無我，自清濁兆分而來。天下未嘗有自生之火也，必假人力鑽燧擊石而後生，列子曰「人生火」是也。夫火本無體，雖燎爇千年，而俄頃可滅。惟識亦然，自胞胎賦形而來，此心未嘗先具此識也，蓋因根塵取受狃習而後生，關尹子曰「物交心生識」是也。夫識本無方，雖記認千年，而俄頃可去。然則滅火易，不然難；去識易，不續難。傳曰：「得道易，守道難。」信哉！

關尹子曰　流者舟也，所以流之者是水非舟；運者車也，所以運之者是牛非車；思者心也，所以思之者是意非心。不知所以然而然。惟不知所以然而然，故其來無從，其往無在。其來無從，其往無在，故能與天地本原，不古不今。

抱一子曰　心，火也；　意，土也；　思，亦土也。故所以思之者，是意非心也。猶舟流因水，車運因牛，而心思因意也。昔人謂：「車不行，打車不是，打牛卽是。」今夫心役於思，去心不是，去意卽是。三教聖人，皆主張無意，而不主張無心者，旨必有在也。學者當思念之時，推求意之所生，則不知其所以然而然，故其來無從，其往無在。如是則意未嘗有意。意未嘗有意，則思未嘗有思，念未嘗有念，而無思之思，無念之念，與天地之本原，不古不今，而長存矣，視夫絕思斷念、心如土木者異矣。

蒲團子按　「打車不是，打牛卽是」「去心不是，去意卽是」，道書全集本、道藏輯要本、鄭觀應本均作「打車卽是，打牛卽是」「去心卽是，去意卽是」。

關尹子曰　知心無物，則知物無物；　知物無物，則知道無物。知道無物，故不尊卓絕之行，不驚微妙之言。

抱一子曰　昔人有言曰：「若云它是聖，自己卻成狂。」苟遇卓絕之行而尊之，聞微妙之言而駭之，則循迹而不見道矣。蓋道無古今，無聖狂，無言行，前無先達，後無作者。知乎此，則何者爲物、何者爲心哉！

關尹子曰　物我交心生，兩木摩火生，不可謂之在我，不可謂之在彼，不可謂之非我，不可謂之非彼。執而彼我之，則愚。

抱一子曰　心，火也，二也。故物我交而後心生，兩木摩而後火生。彼有執以爲心在我或在彼，又執以爲火在此或在彼者，不然則或以爲非我非彼者，皆愚人也，烏足以識心哉！

關尹子曰　無恃爾所謂利害是非。爾所謂利害是非者，果得利害是非之乎？聖人方且不識不知，而況於爾。

抱一子曰　利害心愈明，則親不睦；是非心愈明，則事不成。聖人方且不識不知，而況爾所謂利害是非者，果得而利害是非之乎？

關尹子曰　夜之所夢，或長於夜，心無時。生於齊者，心之所見，皆齊國也，既而之宋、之楚、之晉、之梁，心之所存各異，心無方。

抱一子曰　邯鄲之夢，終身榮辱，不知歷幾寒暑矣。既覺，則黃粱未熟，特片時爾。心豈有定時耶？楚人之子，生長楚國，引而置之莊、岳之間數年，雖日撻而求其楚，不可得矣。心豈有定方耶？世有執時執方以求心者，安足以識心哉！

關尹子曰　善弓者師弓不師羿，善舟者師舟不師奡，善心者師心不師聖。

抱一子曰　輪扁斲輪之妙，父不可傳於子，得之心，應之手，豈可以師傳哉？然則逢蒙學射于羿，盡羿之道。果盡乎？曰：使盡羿之道，則不思天下惟羿爲愈己也。然學聖人者，自以爲盡聖人之道者，如鼠飲河，足厭其量耳。今善弓者師弓，善舟者師舟，以喻善心者師心，可謂善喻矣。弓則有矢、的、步、力之可師，舟則有帆、舵、風、水之可法，至於心，明則覺、昏則昧而已，孰從而師之哉？雖然，學者於動、靜、語、默之間，向明覺、昏昧處，通得一線，則心之法有餘師矣。

關尹子曰　是非好醜，成敗盈虛，造物者運矣，皆因私識執之而有，於是以無遣之猶存，以非有非無遣之猶存。無曰莫莫爾，無曰渾渾爾。

猶存，譬猶昔游再到，記憶宛然，此不可忘不可遺。善去識者，變識爲智。變識爲智之說，汝知之乎？ 曰想，如思鬼心慄，思盜心怖； 曰識，如認黍爲稷，認玉爲石： 皆浮游罔象，無所底止。譬覩奇物，生奇物想，生奇物識，此想此識，根不在我。譬如今日，今日而已，至於來日，想識殊未可卜。及至來日，紛紛想識，皆緣有生，曰想曰識。譬犀望月，月影入角，特因識生，始有月形，而彼眞月，初不在角。胷中之天地萬物亦然。知此說者，外不見物，內不見情。

抱一子曰 天地萬物，古今萬事，在人胷中，如月形生於犀牛之角，彼犀不望月而想，則角無由而生月矣。月形既存于角中，則盡犀之形，不可去也。以喻人之胷中，萬物萬事，忘不得，遣不得。如昔日曾游之景，再游則記憶宛然，皆識使然也。且如今日見某事某物，至於來日所見殊未可卜，及乎來日，紛紛想識，皆緣有生。若夫來日未至，事物未有之時，此想此識，根安在哉？ 然則今日想識，皆妄想妄識，明矣。譬如無鬼思鬼，無盜思盜，本妄想也，而能生慄生怖之妄情； 認黍爲稷，認玉爲石，本妄認也，而能生眞稷眞石之妄識。然則覩奇物，見奇事，何異夫妄情妄識耶？ 執而有之，印於心府，可謂不智矣。知乎此，則知變識爲智之說矣。變識爲智，則外不見物，內不見情。

關尹子曰 物生於土，終變於土；事生於意，終變於意。知夫惟意，則俄是之，俄非之，俄善之，俄惡之。意有變，心無變；意有覺，心無覺。惟一我心，則意者塵往來爾，事者欻起滅爾，吾心有大常者存。

抱一子曰 識生於意，意生於心，善去識者，去其識之所生之母而已矣。譬如物生於土，則終變於土；識生於意，終變於意。事之是非善惡，雖以識分辨之，而莫不皆隨意變也。意在是非，則識隨而在是非；意在善惡，則識隨而在善惡：是則子隨母轉也。然意雖有變，心未嘗變；意雖有覺，心未嘗覺。知心無變無覺，則意如塵之往來，事如欻之起滅，皆不足以動吾心君。而我心惟一，蓋有大常者存焉爾。

關尹子曰 情生於心，心生於性。情，波也；心，流也；性，水也。來干我者如石火頃，以性受之，則心不生，物浮浮然。

抱一子曰　後世言性者，皆曰性生於心，以心爲母，以性爲子，謂如五常之性根于一心，皆未達夫眞性之所以爲性。三教聖人，發明性眞，如出一口，而賢人膠之，爲其所以未入聖域歟。孔子言窮理而後盡性，理者，心也，與孟子言「盡其心者，知其性，知其性則知天」意同。釋氏言明心然後見性，故直指人心，見性成佛，與今言心生於性，皆以性爲母，心爲子也。而尚恐學者未明，又以水喻之曰「性，水也；心，流也；情，波也」，則本末次第，歷然易辯矣。苟事物來干我，而以心應之，不亦勞乎？天下之事物無窮，吾心之精神有限，以有限對無窮，吾心殆矣。惟聖人以性受之，則心不生，而事物浮浮然，不能入吾之靈府矣。

關尹子曰　賢愚眞僞，有識者，有不識者。彼雖有賢愚，彼雖有眞僞，而謂之賢愚眞僞者，繫我之識。知夫皆識所成，故雖眞者亦僞之。

抱一子曰　人之賢者可慕可重，愚者不必慕、不必重；事物之眞者易留意而難忘，事物之僞者不甚著意而易忘。所以區別賢愚眞僞者，皆識情使然也。苟知識情所使，則雖賢者亦愚之，眞者亦僞之，則變識爲智而忘之矣。

關尹子曰　心感物，不生心生情；　物交心，不生物生識。物尚非眞，何況於識？　識尚非眞，何況於情？　而彼妄人，於至無中，執以爲有，於至變中，執以爲常，一情認之，積爲萬情，萬情認之，積爲萬物。物來無窮，我心有際，故我之良心受制於情，我之本情受制於物，可使之去，可使之來，而彼去來，初不在我，造化役之，固無休息。殊不知天地雖大，能役有形，而不能役無形；　陰陽雖妙，能役有氣，而不能役無氣。心之所之，則氣從之；　氣之所之，則形應之。猶如太虛，於一炁中變成萬物，而彼一炁，不名太虛。我之一心，能變爲氣，能變爲形，而我之心，無氣無形。知夫我之一心無氣無形，則天地陰陽，不能役之。郭本有「於至無中變成炁」八字，在「猶如太虛」之下。**蒲團子按**　「於至無中變成炁」，守山閣叢書本、道書全集本、道藏輯要本均「八字」，實則七字。鄭觀應本此七字則在經文「猶如太虛」之下。

抱一子曰　天地雖大，陰陽雖妙，能役有形氣者，不能役無形氣者。而我之一心，無形無氣，天地陰陽尚不能役，而反受制於情，受役於物，何耶？　於至無中執以爲有，於至變中執以爲常，因識生情，因情著物，物來無窮，造化無定，使去使來，不得自在。或者謂我之一心，能變爲氣，能變爲形，既爲氣矣，既爲形矣，役於五行，拘於陰陽，盛衰往來，初不在我，造化役之，安能自由哉？噫！如繪塑師，幻像鬼神，自生怖畏。殊不知我之一心，本同太虛，太虛於一炁中變成萬物，而彼一炁，不名太虛。昧者直以一炁名爲太虛，焉能逃天地陰陽之役哉？

關尹子曰　人之平日，目忽見非常之物者，皆精有所結而使之然；人之病日，目忽見非常之物者，皆心有所歉而使之然。苟知吾心能於無中示有，則知吾心能於有中示無，但不信之，自然不神。或曰：厥識既昏，孰能不信？我應之曰：如捕蛇師，心不怖蛇，彼雖夢蛇而不怖畏。故黃帝曰：「道無鬼神，獨往獨來。」

抱一子曰　瞪目發勞，勞久精結，故忽見非常之物，與彼病目，見空中花及第二月，無以異也。又有心有所歉，忽見寃尤之形，皆無中示有也。既見矣，孰能不信？如捕蛇之師，雖夢蛇不畏者，習慣如自然也。昔有人居山習定，而山精現怪異之形，變化百種，魔撓其人，其人瞑目不視，曰：「汝之伎倆有盡，我之不聞不見無窮。」山精退不復見。此卽有中示無。惟不信之，自然不神也。若夫卽吾心中可作萬物，而見嬰兒姹女、青龍白虎等物者，皆自我作之，有無在我，與忽見非常之物者異矣。然聖人覩此，猶且見如不見，何哉？黃帝不云乎？「道無鬼神，獨往獨來」是也。

關尹子曰 我之思慮日變，有使之者，非我也，命也。苟知惟命，外不見我，內不見心。

抱一子曰 人之思慮，日日不同，莫之致而致也。孰使之哉？命也。既曰命矣，則由我乎？不由我乎？使我命在天，則思慮不由我。若我命在我，則何思何慮？故外不見我，內不見心。

關尹子曰 譬如兩目，能見天地萬物，暫時回光，一時不見。

抱一子曰 此章當連前章爲一章，謂人有思慮，譬如兩目能見天地萬物，若能回光反照，則天地萬物，一時不見，是則何庸思慮哉？但世人知此機者鮮矣。

關尹子曰　目視雕琢者，明愈傷；耳聞交響者，聰愈傷；心思玄妙者，心愈傷。

抱一子曰　此章亦與上章意連，謂目不能反照，而視雕琢者，明愈傷；耳不能反聽，而聞交響者，聰愈傷；心不能無念，而思玄妙者，心愈傷。三章相續，其義始圓。

關尹子曰　勿以我心揆彼，當以彼心揆彼。知此說者，可以周事，可以行德，可以貫道，可以交人，可以忘我。

抱一子曰　若以我心揆彼，則人之識見各各不同。人我既分，町畦斯判，安能周事哉？事且不周，況交人乎？況行德、貫道乎？惟以彼心揆彼，此聖人無我之學也。如是則何事不周？何人不交？何德不行？何道不貫哉？

關尹子曰　天下之理，小不制而至於大，大不制而至於不可制。故能制一情者，可以成德；能忘一情者，可以契道。

微。

抱一子曰　天下之事，無不起於小而至於大，學者但知防患於微，而不知制情於微。能制一情，可以成德；能忘一情，可以契道。制一情者，謂情始萌卽制伏之，使不致於爲惡，故可成德；忘一情者，情未萌也，情既未萌，則不待忘而忘之矣，情忘心空，故可契道也。

六匕篇

匕者，食也；食者，形也。凡十六章。

關尹子曰　世之人以我思異彼思、彼思異我思分人我者，殊不知夢中人亦我思異彼思、彼思異我思。孰爲我？孰爲人？世之人以我痛異彼痛、彼痛異我痛分人我者，殊不知夢中人亦我痛異彼痛、彼痛異我痛。孰爲我？孰爲人？爪髮不痛，手足不思，亦我也，豈可以思、痛異之？世之人以獨見者爲夢，同見者爲覺。殊不知精之所結，亦有一人獨見於晝者；神之所合，亦有兩人同夢於夜者。二者皆我精神，孰爲夢？孰爲覺？

世之人以暫見者爲夢，久見者爲覺。殊不知暫之所見者，陰陽之炁；久之所見者，亦陰陽之炁。二者皆我陰陽，孰爲夢？孰爲覺？

抱一子曰　昔人有不識我而求我者，以色求之不得，又以聲求之不得，又於臭、味、覺、意求之俱不得，然後知我之爲我，視之不見，聽之不聞，搏之不得，而橫執以爲我者皆妄也，安識所謂眞我哉？

今夫世之人以能思、能痛者爲我，以不能思、不能痛者爲非我，兩失之矣。能思、能痛者，果我乎？我本無意無念，思從何來？是則妄有緣塵，於中積聚，狃習爲思，非我眞有是思也。我本無相無體，痛從何起？是則妄有血氣，於中假合，觸覺爲痛，非我眞有是痛也。然則不能思、不能痛者，果非我乎？爪髮不痛，手足不思，亦我也；夢中之天地萬物不思，夢中之人神鳥獸不痛，亦我也：豈可以人我異之？

世之人以獨見、暫見者爲夢，以同見、久見者爲覺，亦兩失之矣。獨見、暫見者，果夢乎？我本無夢，蓋因陰、因夜、因寐，與識相緣，而有是夢也；我本無覺，蓋因陽、因晝、因寤，與見相緣，而有是覺也。然則同見、久見者，果非夢乎？神之所合，亦有兩人同夢於夜者；陰陽結習，亦有天地萬物久見於夢者：豈可以覺夢異之？

人與我不異，覺與夢不殊，然後知遍虛空世界，天地人物，無一物非我之眞，無一物是我之己而已矣。

關尹子曰　好仁者多夢松柏桃李，好義者多夢兵刃金鐵，好禮者多夢簠簋籩豆，好智者多夢江湖川澤，好信者多夢山岳原野：役於五行，未有不然者。然夢中或聞某事，或思某事，夢亦隨變，五行不可拘。聖人御物以心，攝心以性，則心同造化，五行亦不可拘。

抱一子曰　世人不能逃陰陽五行者，以心有所思，而役於事物也。傳曰：「寇莫大於陰陽，無所逃於天地之間。」又曰：「五賊在心，施行乎天。」是則五賊生於陰陽，而人之所思，不著事，卽著物，事物不出於五行，所以爲五賊所役，而不能逃也。是賊也，在陽則爲覺，在陰則爲夢；在覺爲事，在夢爲物。如好仁者多夢松柏之類，皆役於五行也。雖役於五行，而夢中忽聞別事，忽思他事，識見變遷，則夢亦隨變，五行亦不能拘。知夢中之五行不能拘，則若事若物，皆可以御而役之，而不役於事物也。不役於事物，則陰陽五行，烏能爲寇爲賊哉！聖人御事物不以思而以心，攝心不以念而以性，此其所以心同造化而五行不可拘歟。

關尹子曰　汝見蛇首人身者，牛臂魚鱗者，鬼形禽翼者，汝勿怪，此怪不及夢，夢怪不及覺。有耳、有目、有手、有臂，怪尤矣。大言不能言，大智不能思。

抱一子曰　天不言而日月運，四時行。天雖不言，而日月運，四時行，乃大言矣。聖人不思而得。聖人雖不思，而能得，乃大智矣。今有人見夫未嘗見者，如蛇首人身之類，必以爲怪矣。不思夫形寢神息之時，忽有所夢，天地人物，從何而生？從何而見？世人習慣，不以爲怪。細推詳研，吾之精神，本自清明寧一，而化爲是夢，豈不甚可怪哉？知夢爲怪矣。今觀我之形，有耳、有目、有手、有臂，視聽動止，比之夢中所見，一一有實，豈不尤可怪耶？況口之能言，心之能思，其爲怪有不可勝言者矣。或曰：吾道與之貌，天與之形，雖具耳、目、手、足，反而思之，不見其爲有也，如是則怪可去乎？愚答曰：道甚麼？或人再舉前問。愚曰：大言不能言，大智不能思。或者呿然而退。

關尹子曰　有人問於我曰：爾何族何氏？何名何字？何食何

衣？何友何僕？何琴何書？何古何今？我時默然不對一字。或人扣之不已，我不得已而應之曰：尚自不見我，將何爲我所？

抱一子曰　人有眞我，雖聖智未易自見也。人惟不能自見，故或以色求我，或以音聲求我，轉不可得而見矣。況問我以氏族、名字、衣食、友僕、琴書、古今哉？宜乎聖人嘿然不對。是不對也，乃所以深對也。或者不喻聖人之意，而扣之不已。夫扣之不已者，疑乎？信乎？以爲信耶，彼之我卽我之彼也，彼之彼卽我之我也，彼彼不能相我，則我我不能喻彼矣；以爲疑耶，則我以不我，對而不對，以我對我，以對非對，則以不對對，又何疑焉，而扣之不已耶？聖人於是自其妄見而喻之，謂彼以見見我，不以不見見我，以見不見我見我之處，不以不見見我不見之所，乃應之曰：我尚不見我，將何爲我所？噫！是亦第二義矣。

關尹子曰　形可分可合，可延可隱。一夫一婦，可生二子，形可分；一夫一婦，二人成一子，形可合。食巨勝則壽，形可延；夜無月火，人不見我，形可隱。以一炁生萬物，猶棄髮可換，所以分形；以一炁合萬物，猶破唇可補，所以合形。以神存炁，以炁存形，所以延形；合形於神，合神於无，所以隱形。汝欲知之乎？汝欲爲之乎？蒲團子按「合神於无」，道書全集本作「合神於无」，道藏輯要本作「合神於炁」，鄭觀應本作「合神於無」，註文同。

抱一子曰　學道有三品：上品者，以神爲主；中品者，以炁爲主；下品者，以形爲主。以神存炁，以炁存形，所以延形；合形於神，合神於无，所以隱形：二者雖有徼妙之分，然皆以神爲主，上品也。以一炁生萬物，以一炁合萬物，如採祖炁、服元炁、閉胎息、襲氣母之類，皆以氣爲主，中品也。食巨勝則壽，無月火則隱，如服食金石草木、存意形中一處，皆以形物爲主，下品也。然三者之中，至清者神，至濁者形，半清半濁者氣。夫以至濁之形，猶可合可分，可延可隱，而況於炁乎？而況於神乎？學者欲知之，欲爲之，惟其志而已矣。

關尹子曰　無有一物不可見，則無一物非吾之見；無有一物不可聞，則無一物非吾之聞。五物可以養形，無一物非吾之形；五味可以養氣，無一物非吾之氣。是故，吾之形氣，天地萬物。

抱一子曰　五物可以養形，五味可以養氣，則天地之間，無一物非吾之形氣也。至於無一物非吾之見，無一物非吾之聞，則聞與見果何物耶？以爲形可聞見乎？則死屍胡不能聞見也？以爲氣可聞見乎？則噓呵胡不能聞見也？是則形氣之外，別有物焉。爲之主張乎是，維持乎是，然則是物果安在哉？經不云乎？「恍恍惚惚，其中有物；杳杳冥冥，其中有精。」欲識是物，精神是也。然神無我也，卽天地萬物之色，以見吾神；精無人也，卽天地萬物之聲，以聞吾精。是故吾之形氣，天地萬物；吾之精神，萬物聲色。

關尹子曰　耕夫習牛則獷，獵夫習虎則勇，漁夫習水則沉，戰夫習馬則健，萬物可爲我；我之一身，內變蟯蛔，外烝蝨蚤，瘕則龜魚，瘻則鼠螘，我可爲萬物。

抱一子曰　人之形本非我有，習於物則與物俱化，病於氣則與氣俱化。昔人有繪虎入神化爲虎者，是「習牛則獷」之意也；昔人有患瘤破之，其中皆蝨者，是外烝變蟯蛔之類也。習則與物俱化，病則與氣俱化，而世人執有其身，妄認爲己有者，又豈悟夫天地之委形哉！

關尹子曰　我之爲我，如灰中金而不若礦砂之金。破礦得金，淘砂得金，揚灰終身無得金者。

抱一子曰　不知我無我，而盡智求我者，如揚灰求金，終身不可得也；知無我而不求我，則如金藏於礦砂，玉隱於石璞。昔人以喻水中鹹味、色裏膠青，畢竟是有，不見其形，可謂善喻矣。

關尹子曰　一蜂至微，亦能游觀乎天地；一蝦至微，亦能放肆乎大海。

抱一子曰　蠢動含靈，皆具是心，皆具是道。昔人謂焦冥蟲向蚊蟲眉睫上建立世界，蓋以形觀之則有巨細之分，以心論之則無小大之辯。故一蜂可游觀天地，一蝦可放肆大海，豈可以形微而輕賤之哉？

哉！

關尹子曰　土偶之成也，有貴有賤，有士有女，其質土，其懷土。人

蒲團子按　懷，道書全集本、守山閣叢書本均作「懷」，道藏輯要本、鄭觀應本均作「壞」。

抱一子曰　人之遇人，有貴賤男女之相，而起愛惡尊卑之念者，分別於識，而不照於智也。今遇土偶之人，亦有貴賤男女之相，而不起愛惡尊卑之念者，知其質爲土而有僞之之智也。前章有言曰：「知夫皆識所成，故雖眞者亦僞之。」此變識爲智之妙用也。

關尹子曰　目自觀，目無色；耳自聽，耳無聲；舌自嘗，舌無味；心自揆，心無物。衆人逐於外，賢人執於內，聖人皆僞之。

抱一子曰　目逐於色、耳逐於聲、舌逐於味、心逐於物者，衆人也；目內視自觀、耳反聽自聽、舌收津自嘗、心攝念自揆，賢人也。逐於外者固非，執於內者亦妄。先達有詩云：「雖然放下外塵勞，內又縈心兩何異。」是以聖人皆僞之。

關尹子曰　我身五行之炁，而五行之炁其性一物，借如一所，可以取

水，可以取火，可以生木，可以凝金，可以變土，其性含攝，元無差殊。故羽蟲盛者，毛蟲不育；毛蟲盛者，鱗蟲不育。知五行互用者，可以忘我。

抱一子曰　人一身之中，具五行之炁，所主所應，岐之則五，其互相含攝，元一性也。如金鎔之得水、擊之得火，木絞之得水、鑽之得火是也。至於鳥獸蟲魚，莫不皆然。比之人，則有偏盛之稟爾。偏於火者爲羽，偏於金者爲毛，偏於水者爲鱗，朱雀在南、白虎在西之類是也。偏盛於此，則不育於彼。是知人與萬物，各具五行，而五行之炁，輪環互用。回視我身，皆五行之炁假合而成。而昧者執有此身，豈不惑哉？知此說者，可以忘我。

關尹子曰　枯龜無我，能見大知；磁石無我，能見大力；鐘鼓無我，能見大音；舟車無我，能見遠行。故我一身，雖有智有力，有音有行，未嘗有我。

抱一子曰　枯龜、磁石、鐘鼓、舟車，皆物也，焉能有爲乎？所以見大知、大力、大音、大行者，物感之故也。人於事物未形之時，無思無爲，寂然何有。一旦物感而動，事激而發，則智、力、言、行見矣。智、力、言、行雖見，實事物也，於我何有哉？故曰「未嘗有我」。

關尹子曰　蝛射影能斃我，知夫無知者亦我，則溥天之下，我無不在。

抱一子曰　通天地之間，一氣爾，豈有無虛實能間之哉？世人執六尺之軀，以癢痾覺觸者爲我之有，且爪與髮，我之實有也，何割之而不痛？影非我之實有也，何蝛射之而斃我？世人見之於著，不見之於微。知乎此，則知無知者亦我也。故曰「溥天之下，我無不在」。

關尹子曰　心憶者猶忘饑，心忿者猶忘寒，心養者猶忘病，心激者猶忘痛。苟吸氣以養其和，孰能饑之？存神以滋其暖，孰能寒之？養五藏以五行，則無傷也，孰能病之？歸五藏於五行，則無知也，孰能痛之？

抱一子曰　人之饑、寒、病、痛，皆出於妄心。若夫心憶猶能忘饑之類，是則以妄止妄之說也。苟知夫我之妄心皆出於五行，而以五行勝之，則妄心可以消釋矣。故吸氣以養和，則可以忘饑；　存神以滋暖，可以忘寒。是則以金賓土、以火勝水之術也。養五藏以五行，可以愈病，是則生尅補瀉之法也；　歸五藏於五行，可以忘病，是則形氣無我之道也。若夫不吸氣而飽，不存神而暖，不養五藏以愈病，不歸五行以忘痛，非天下至精至通之士，其孰能與於此？

關尹子曰　人無以無知無爲者爲無我，雖有知有爲，不害其爲無我。譬如火也，躁動不停，未嘗有我。

抱一子曰　此篇逐章言形食，而論「無我」之說詳矣。聖人又慮學者執無我如木石，故於卒章重發明無我之妙用。以爲譬如火也，雖躁動不停，未嘗有我。若人達此妙用，雖終日言行施爲，不害其爲無我。噫！莊子所謂深知無心者矣。

文始眞經言外經旨下卷

七釜篇

釜者，化也。凡十三章。

關尹子曰　道本至無，以事歸道者，得之一息；　事本至有，以道運事者，周之百爲。　得道之尊者，可以輔世；　得道之獨者，可以立我。　知道非時之所能拘者，能以一日爲百年，能以百年爲一日；　知道非方之所能礙者，能以一里爲百里，能以百里爲一里。　知道無氣能運有氣者，可以召風雨；　知道無形能變有形者，可以易鳥獸。　得道之清者，物莫能累，身輕矣，可以騎鳳鶴；　得道之渾者，物莫能溺，身冥矣，可以席蛟鯨。　有卽無，無卽有，知此道者可以制鬼神；　實卽虛，虛卽實，知此道者可以入金石；　上卽下，下卽上，知此道者可以侍星辰；　古卽今，今卽古，知此道者可以卜龜筮； 人卽我，我卽人，知此道者可以窺他人之肺肝； 物卽我，我卽物，知此道者可以成腹中之龍虎。 知象由心變，以此觀心，可以成女嬰； 知炁由心生，以此吸神，可以成爐冶。 以此勝物，虎豹可伏； 以此同物，水火可入。 惟有道之士能爲之，亦能能之而不爲之。

抱一子曰 易曰：「知變化之道者，其知神之所爲乎。」孟子曰：「聖而不可知之謂神。」今天下之學者，去聖逾遠，望道而未之見，覬其庶幾聖人者，絕代無聞焉，而況不可知之神哉！ 言神者，例以孔子不語怪力亂神絕之，故知道之士，絕口不言。至於生死之說，亦秘而不傳矣。 且孔子果不言神乎？ 果不言生死乎？ 如曰「知死生之說」，如曰「陰陽不測之謂神」「鼓之舞之以盡神」，皆孔子之言也。 **蒲團子按** 「如曰『知死生之說』」，守山閣叢書本、道書全集本均作「如曰『知生死之說』」，道藏輯要本、鄭觀應本均作「如曰『知死生之說』」，今從後者改之。

今聖人於七釜一篇，備言變化之道。 蓋釜者，資水火以變物之器也。 後世學者觀之，不驚異其言者鮮矣，或者指爲異端僞書。 宜哉！ 莊子有言曰：「瞽者無以與乎文章之觀，聾者無以與乎鐘鼓之聲。豈惟形骸有聾瞽哉？夫知亦有之。」其是之謂歟。

易不云乎？「天下之動，貞夫一者也。」即「以事歸道者，得之一息」之理也。「以道運事者，周之百爲」，即「能成天下之務」「一致而百慮」也。得道之尊、獨者，可以輔世、立我，即「輔相天地之宜」「聖人之大寶曰位」也。道非時之所能拘，非方之所能礙，即「通乎晝夜之道而知」「不疾而速，不行而至」之謂也。可以召風雨、侍星辰，即「風以散之，雨以潤之」「可與佑神」之謂也；可以易鳥獸、騎鳳鶴、席蛟鯨、制鬼神，則「精氣爲物，遊魂爲變」「知鬼神之情狀」之謂也；可以入金石，即「兑爲金」「艮爲石」「山澤通氣，然後能變化成萬物」之謂也；可以卜龜筮，即「卜筮尚占」「受命如嚮」之謂也。

學者能知乾坤一闔一闢謂之變，則知坎離交遇、水火相射、山澤通氣、雷風相搏之機，然後知我之震兑，即他人之肺肝，能入震兑之神，則可以窺他人之肺肝矣；我之魂魄，即龍虎之精英，能凝魂魄之氣，則可以化腹中之龍虎矣。

坎之中有嬰兒，離之中有姹女，能取坎中之實，以點離中之虛，則女嬰相見，各現其形。是道也，因運神火照入坎中，驅逐陰中之陽，飛騰而上，至神火本位，遇陽中之陰，擒制交結，如金烏搦兔，磁石吸鍼，二炁紐結而生變化，或現女嬰之象，或呈龍虎之形，變化萬端，飛走不定，往來騰躍，不出鼎爐。當是時，則當鼓動巽風，助吾離火，猛烹極鍛，鍊成眞丹，凝成至寶。是道也，其中有觀心、吸神二用，皆助火候之力者。釋氏觀法、觀心，似是而非；方士之服氣、嚥津，棄本逐末：安識運神火以觀眞心、鼓巽風以吸眞神之妙用哉？丹成之後，自然可以伏虎豹，可以入水火，是皆性命之秘。間有形於易書者。易不云乎？「非天下至神」「至精」「至變」「至通」「其孰能與於此」「苟非其人，道不虛行」，故曰「惟有道之士能爲之」。聖人欲「顯諸仁，藏諸用」，以盡內聖外王之道，故曰「亦能能之而不爲之」。

關尹子曰　人之力，有可以奪天地造化者，如冬起雷、夏造冰、死屍能行、枯木能華、豆中攝鬼、杯中釣魚、畫門可開、土鬼可語，皆純炁所爲，故能化萬物。今之情情不停，亦炁所爲。而炁之爲物，有合有散。我之所以行炁者，本未嘗合，亦未嘗散。有合者生，有散者死。彼未嘗合、未嘗散者，無生無死。客有去來，郵常自若。

抱一子曰　列子問：「至人潛行不窒，蹈火不熱，行乎萬物之上而不慄，何以至此？」關尹答曰：「是純炁之守也，非智巧果敢之列。」夫人拘於形，則不能變化。若夫鍊形爲炁，使形盡化炁，則聚成形、散爲炁矣，故能化萬物。今觀雲之變化，則知炁之變化也。且蜃之爲物，不靈於人，而猶積氣之久，可以化樓閣人物以爲海市。至於鷹化爲鳩，豹變爲虎，蜣化爲蟬，魚化爲龍，鳥獸蟲魚尚能奪天地之造化，人反不若，何耶？以六欲七情，内賊其天眞；五行六塵，外鑠其神氣。雖間有知道者，能制精葆神，鍊形化炁，而作輟不常，十寒一曝，求其純乎化炁，雖億兆人中，而求一人，不可得矣。是道也，賢愚貴賤，皆可爲之，其道不遠。今之情情不停，皆此物也，蓋有非此物者存乎其中。學者知乎此，則知吾之所以行炁者；知所以行炁，則知所以鍊炁；知所以鍊炁，則知所以化炁成醇矣。是寶也，不隨氣合，不隨氣散，不逐形生，不逐形死，故曰「客有去來，郵常自若」。

蒲團子按　守山閣叢書本此節「氣」「炁」混用，今據道書全集本及道藏輯要本改。

關尹子曰　有誦呪者，有事神者，有墨字者，有變指者，皆可以役神御氣，變化萬物。惟不誠之人，難於自信，而易於信物，故假此爲之。苟知惟誠，有不待彼而然者。

抱一子曰　人之精神，何所不至哉！惟昧者不自知爾！世有誦呪、事神、墨字、變指之類，人以爲神靈，蓋信於物而不自信也。殊不知彼之神者、靈者，皆我之至精至誠役之御之而能靈也。化書云：「神猶母也，氣猶子也。以神召氣，如母召子，孰敢不至？」此亦役神御氣之道也。苟知爲我之精誠，豈區區信於物也哉？

關尹子曰　人之一呼一吸，日行四十萬里，化可謂速矣。惟聖人不存不變。

抱一子曰　天地之大，不可以程度計。今云「一呼一吸，日行四十萬里」，則人一晝一夜，凡一萬三千五百息，日行五千四百兆里，爲一周天。昔人以表影長短驗日之行度遠近，亦以世之尋丈爲準。既可以尋丈計，則可以步里計矣。愚妄以謂日行四十萬里，豈得無奇？是蓋總其大數爾。若果有奇，則恐滿五千五百兆里之數，則與易之「天地之數，五十有五」合矣。

日月五星，離合順逆，聖人皆能測而爲曆，而昧者莫不見、莫能知也，故陰符經云

「天下莫不見、莫能知者」是也。夫速莫速於大化，昔人謂「揭天地以趨新，負山嶽以舍故」，造化無斯須不移也，萬物無暫忽不變也。山川日更矣，而世人以爲如昨；時世日新矣，而世人以爲如故。今交一臂而失之者，皆在冥中去矣。故向者之我，非復今我；今日之我，非復故吾矣。是則我與今俱往矣。而昧者不知，橫謂今日所遇，可係而存，安知一息之頃，而大化已行四十萬里哉！惟聖人不逆化而存，亦不順化而變，故曰「不存不變」。十萬爲億，十億爲兆。

關尹子曰：青鸞子千歲而千歲化，桃子五仕而心五化。聖人賓事去物，豈不欲建立於世哉？有形數者，懼化之不可知也。

抱一子曰：有形有數者必化，在聖人不欲苟免也。何則？既謂之形，必有數焉，非我所有也，天地之委蛻也。天地且不能停化，而形豈能違化哉？雖然，聖人假衆物以游世，對五行以寓形，應萬事不敢爲天下先，故不爲主而爲賓也；御萬物而不爲萬物所役，故立於獨而無待也。賓則如寄，謂來去自如爾；無待則無耦，謂存亡不二爾。如是則若形若數豈能拘哉？而聖人猶不欲久立於世者，視此形軀爲吾大患，懼化之不可知也。青鸞子，古之得道之士也，住世千歲而千歲化，卽此意也。

若夫桃子五仕而心五化者，如孔子行年六十而六十化、曾子再仕而心再化，意同。

關尹子曰　萬物變遷，雖互隱見，氣一而已。惟聖人知一而不化。

抱一子曰　此章意連上章，謂有形之物，雖互隱見，而一氣在天地間，未嘗化也。一氣猶且不化，況吾之非氣者乎？何謂非氣？氣之所自生者，前篇已詳述之矣。聖人此章明吾之眞靈，若寓於形，則雖千年亦化；寓於氣，則一而不化也。

關尹子曰　爪之生，髮之長，榮衛之行，無頃刻止。衆人皆一作「能」見之於著，不能見之於微郭本於此有「賢人見之於微，而不能任化。惟」十二字。聖人任化，所以無化。

抱一子曰　衆人徒見天地日月化形之速，此著而易見者也。而不知吾之榮衛，晝夜之間，行陰二十五度，行陽二十五度，凡一萬三千五百息，脈絡之循環運轉，無頃刻止，故爪之生，髮之長，無暫忽停，此微而難見者也，孰能逃之哉？惟聖人不存不變，任彼自化，所以無化。

關尹子曰　室中有常見聞矣。既而之門、之鄰、之里、之黨，既而之郊、之山、之川，見聞各異，好惡隨之，和競從之，得失成之。是以聖人動止有戒。

抱一子曰　聖人之聞見未嘗異於眾人。眾人之聞見隨處變異，而生好惡、和競、得失之心。使聖人異於眾人，而隨處不生好惡、和競、得失之心，則有心矣，有我矣。此賢人不動心之學，望聖人而未至者也。若夫聖人，則出門同人，隨人好惡，從人和競，成人得失。如老子之人號亦號、人笑亦笑；孔子之耳順、從心；列子從師三年，心不敢念是非，口不敢言利害，從師五年，心更念是非，口更言利害。此皆聖人不異眾人、眾人不異聖人之說也，何嘗以聞見自異哉！聖人之所謹者，不妄出户庭而無咎，不妄同人于莽而弗克攻，不妄同人于效而志未得，危邦不入，亂邦不居，特以動止爲戒而已矣。

關尹子曰　譬如大海，變化億萬蛟魚，水一而已。我之與物，蓊然蔚然，在大化中，性一而已。知夫性一者，無人無我，無死無生。

抱一子曰　昔人有言曰：魚龍不知水爲命，猶人在空中不識空。我之與物，林然在大化之中，性一而已。猶蛟魚生於大海之中，水一而已。知大海爲一水，則蛟魚相忘矣；知太虛惟一性，則人我相忘矣。何者爲死？何者爲生？

關尹子曰　天下之理，是或化爲非，非或化爲是；恩或化爲讎，讎或化爲恩。是以聖人居常慮變。

抱一子曰　天下無有不變之事，亦無有不變之理。聖狂之相去，奚啻天淵；生死之不齊，奚啻冰炭。而聖罔念則化作狂，狂克念則化作聖；生極則化爲殺，殺極則化爲生。而況是非恩讎之間，疑似反覆，豈不易變哉？昧者執其自是，如山之不可移；恃其有恩，如海之流不竭。未幾是化爲非，恩化爲讎，而前日自是之我山俄而化爲衆非之海，恃恩之人海俄而化爲積怨之山，如高岸爲谷，深谷爲陵，不期變而變也。吁！可畏哉！聖人不執是，不辯非，不恃恩，不念讎，平我山，夷人海，居天下之常，慮事物之變，未嘗先人而嘗隨人，其要無咎而已矣。

關尹子曰　人之少也，當佩乎父兄之教；人之壯也，當達乎朋友之箴；人之老也，當警乎少、壯之說：萬化雖移，不能厄我。

抱一子曰　人之處世，未免有立身行己、應事接物之爲。苟有我而自用，則一動之頃，吉凶悔吝隨之。惟有一吉之利，而凶、悔、吝三者厄我矣。惟聖人捨己從人，當少時卽佩父母之教；及其壯也，達乎朋友之箴；至於老也，警其少、壯之說。是則自少至老，未嘗有我，萬化雖移，安能厄我哉？

關尹子曰　天下之理，輕者易化，重者難化。譬如風雲，須臾變滅；金玉之性，歷久不渝。人之輕明者，能與造化俱化而不留，殆有未嘗化者存。

抱一子曰　輕者，人之魂也；明者，人之神也。魂爲木，所以輕也；神爲火，所以明也。日出於卯，而魂旺；日中於午，而神旺；日晡於申，而魂絕；日没於亥，而神絕：是則一日之間，而吾之魂神，與造化俱化而不留矣。惟精與魄，重而且暗，可以歷久，故能胎魂胎神。至於來日，輕明魂神，復自精魄，因明因寤，而復生復旺矣。是則輕而明者，假重而暗者爲之母也。使魂神絕於申亥之間，而精魄壞而不存，則來日之魂神無自而生矣。知道之士，知乎此，故鍊精鍊魄，爲金爲玉，使歷久不渝，則吾之魂神，可以永久乘負，得其所託而長生矣。參同契：「吉人相乘負，安穩可長生。」是則鍊精魄爲金玉，則吾身爲大吉之身，而乘負吾之魂神矣。所以太一火符，修鍊金丹，只鍊二物者，鍊精與魄也，並土爲三物爾。參同契謂「木三遂不入，火二與之俱」者，木三之魂與火二之神，不須鍛鍊，不入爐鼎，而在爐鼎之外。周天運火者，乃神與魂也。魂三神二，合之成五，所以能周天運火而不昧；精水之一與魄金之四，亦合之成五，所以能化金液以成丹。如是四物，俱能成五者，實假中宮土五以成變化。張悟眞謂「只緣彼此懷眞土，遂使金丹有返還」者，此也。又曰：「東三南二同成五，北一西方四共之，戊己自居本生位，三家相見結嬰兒。」知此理，然後知吾身殆有未嘗化者存。

關尹子曰　一幼相好，及其壯也，相遇則不相識；一壯相好，及其老也，相遇則不相識。如雀鴿鷹鳩之化，無昔無今。

抱一子曰　人之形體，亦天地間一物爾，無頃刻不與造化俱化者也。幼時顏貌，至壯則異；壯時顏貌，至老則殊。如雀鴿鷹鳩，隨四時陰陽之氣，變化形體，不得自如也，安有今昔之同哉？　然則吾之形容，與今俱往矣，與物俱化矣，可不覺乎？

八　籌篇

籌者，物也。凡六章。

關尹子曰　古之善揲蓍灼龜者，能於今中示古，古中示今；　高中示下，下中示高；　小中示大，大中示小；　一中示多，多中示一；　人中示物，物中示人；　我中示彼，彼中示我。　是道也，其來無今，其往無古；　其高無蓋，其低無載；　其大無外，其小無内；　其外無物，其内無人；　其近無我，其遠無彼。　不可析，不可合，不可喻，不可思，惟其渾淪，所以爲道。郭本有「其本無一，其末無多」在「其小無内」之下。

抱一子曰　易曰：「探賾索隱，鉤深致遠，成天下之亹亹者，莫大乎蓍龜。」如是則蓍之與龜，可以喻道矣。　是物也，本枯莖朽骨爾，靈從何來？　聖從何起？　今焉能於今中卜古、古中卜今，是則其來無今、其往無古，而彰往察來也；　能於高中示下、下中示高，是則其高無蓋、其低無載，而上下無常也；　能小中示大、大中示小，是則其大無外、其小無内，而齊小大也；　能一中示多、多中示一，是則錯綜其數，一致百慮也；　能人中示物、物中示人，是則其外無物、其内無人，而無有遠近幽深，遂知來物也；能我中示彼、彼中示我，是則其近無我、其遠無彼，而以言乎遠則不禦、以言乎邇則靜而正也。然則枯莖朽骨，何其神哉！是神也，存乎枯莖朽骨之中，不可析，不可合，不可喻，不可思，如妙道之存乎人之血肉形體之中，而不可析合、不可喻思也。易不云乎？「蓍之德圓而神。」惟其渾淪，所以爲道。

關尹子曰　水潛，故蘊爲五精；火飛，故達爲五臭；木茂，故華爲五色；金堅，故實爲五聲；土和，故滋爲五味。其常五，其變不可計；其物五，其雜不可計。然則萬物在天地間，不可執謂之萬，不可執謂之五，不可執謂之一；不可執謂之非萬，不可執謂之非五，不可執謂之非一，或合之，或離之。以此必形，以此必數，以此必氣，徒自勞爾。物不知我，我不知物。

抱一子曰　五行之在天地間，其常五，其變不可勝計；其物五，其雜不可勝計。總其綱領，則水蘊爲五精，火達爲五臭，木華爲五色，金實爲五聲，土滋爲五味。然萬物在天地間，不可勝計，皆自五行錯雜而生。或合之，或離之，不可執謂之五，不可執謂之萬，不可執謂之一，又不可執謂之非五、非萬、非一。若分別某物必某數、必某氣，徒自勞爾，故曰「物不知我，我不知物」。

關尹子曰　卽吾心中可作萬物。蓋心有所之，則愛從之；愛從之，則精從之。蓋心有所結，先凝爲水，心慕物涎出，心悲物淚「淚」，又作「泣」出，心愧物汗出，無暫而不久，無久而不變。水生木，木生火，火生土，土生金，金生水，相攻相尅，不可勝數。嬰兒蘂女，金「金」，又作「寶」樓絳宮，青蛟白虎，寶鼎紅爐，皆此物有，非此物存者。

抱一子曰　陰符經曰：「天有五賊，見之者昌。五賊在心，施行於天。宇宙在乎手，萬化生乎身。」然則五行之妙用，靈哉神哉，人患不知其機爾。知其機而制之，則五賊皆爲吾用，而嬰兒蘂女、金樓絳宮、青蛟白虎、寶鼎紅爐，皆見其形而不能隱，故曰「見之者昌」。見之者，見吾身之精神魂魄，凝於神水，結而成象，現於黃庭之中也。是物也，猶在腎感愛而爲精，在目感悲而爲淚，在鼻感風而爲涕，在身媿物而爲汗，一同是理，皆出於心有所之，而神水隨應也。如幼年所見景物，至壯至老，猶能夢見，終身不忘者，印入於心，凝結神水，無暫而不久，無久而不變也。但心有所之，與心無所之，不同爾。若夫擒制五賊，鍛鍊五行，惟一心不動，神水自凝，然後五賊見形，千變萬化矣。是道也，雖皆五行之物所化而成，然自有非此五行之物者存乎其中，爲之主宰爾。

關尹子曰　鳥獸俄呦呦，俄旬旬，俄逃逃；草木俄茁茁，俄停停，俄蕭蕭。天地不能留，聖人不能繫，有運者存焉爾。有之在彼，無之在此，鼓不桴則不鳴；偶之在彼，奇之在此，桴不手則不擊。

抱一子曰　聖人觀化，所以無化，化之運於形氣之間也，天地不能留，聖哲不能繫。今觀夫鳥獸呦呦而鳴、旬旬而來、逃逃而去，與夫草木茁茁而芽、亭亭而茂、蕭蕭而枯，皆俄然爾；化可謂速矣。然聖人所以無化者，如鼓不桴則不鳴，有在彼無在我也；桴不手則不擊，偶在彼奇在我也。前篇曰「手不觸刃，刃不傷人」，與此同旨。

關尹子曰　均一物也，衆人惑其名，見物不見道；賢人析其理，見道不見物；聖人合其天，不見道，不見物，一道皆道。不執之卽道，執之卽物。

抱一子曰　萬物盈天地間，各具一名，各具一理。見其名而不見其道者，爲物所格，衆人也；析其理而不見其物者，能格於物，賢人也。聖人則不然，不見所謂道，不見所謂物，合其天而已矣。若夫指一物謂之道，則餘物非道也。惟不執之謂之道，則物物皆道也。若執之以爲道，卽物矣。

關尹子曰　知物之僞者，不必去物。譬如見土牛木馬，雖情存牛馬之名，而心忘牛馬之實。

抱一子曰　物之眞僞生於識，聖人遇物，眞者亦僞之，去識也；眞者且僞之，則舉天下之物皆僞矣。知天下之物皆僞，則何必去物哉？如見土木偶形，雖有某物之形，而心忘某物之實。學道之士，當對景之時，能如是乎？

九藥篇

藥者，雜治也。凡三十一章。

關尹子曰　勿輕小事，小隙沉舟；勿輕小物，小蟲毒身；勿輕小人，小人賊國。能周小事，然後能成大事；能積小物，然後能成大物；能善小人，然後能契大人。天既無可必者人，人又無能必者事，惟去事離人，則我在我，惟可卽可，未有當繁簡可、當戒忍可、當勤惰可「勤惰」，又作「動靜」。

抱一子曰　此一篇皆藥石之言，所以謂之雜治也。

蓋人之處世，未能去事離人，則應事接物之際，一動一止，有吉凶悔吝存焉。聖人欲人避凶就吉，免悔吝之虞，故垂藥石之訓，使人服膺而對治之。非大聖大智，孰能如是哉？

且夫天既無可必者人，人又無能必者事，其敢輕小人、輕小物、輕小事哉？孔子曰：「人心險於山川，難於知天。天猶有春秋冬夏旦暮之期，人者厚貌深情，其就義若渴者，其去義若熱者。」豈可測哉？世之輕小人，易小物，忽小事，而至於敗國亡家，喪身失命者，多矣。故聖人謂「能善小人，然後能契大人；能積小物，然後能成大物；能周小事，然後能成大事」，無非自小以至大，自微以至著，而不敢以其小物、小人、小事而輕忽之也。聖人之待小者，且加之謹，況其大者乎？

天下之理，未有當繁之事以簡能了者，亦未有當戒之事可以强忍爲之者，亦未有當勤之事可以慵惰成之者，故聖人於世，惟可則可，惟不可則不可，故於事無可無不可，初何固必哉？是則聖人雖日應萬物，而不著事，不著物，而我在我矣。

關尹子曰　智之極者，知智果不足以周物，故愚；辯之極者，知辯果不足以喻物，故訥；勇之極者，知勇果不足以勝物，故怯。

抱一子曰　天下之理，爭之則不足，遜之則有餘。聖人之大智若愚、大辯若訥、大勇若怯者，豈姑爲是僞行哉？蓋知夫智果不足以周物，故愚；辯果不足以喻物，故訥；勇果不足以勝物，故怯爾。傳曰「其愚不可及」，則智不如愚；「十語九中，不如一默」，則辯不如訥；「柔能制剛，弱能制强」，則勇不如怯。

關尹子曰　天地萬物，無一物是吾之物。物非我物，不得不應；我非我我，不得不養。雖應物，未嘗有物；雖養我，未嘗有我。勿曰外物然後外我，勿曰外形然後外心，道一而已，不可序進。

抱一子曰　善應物者無物，善養我者無我。有物則不能應物，有我則不能養我。何則？物非我物，我非我我，纔外物便是外我，纔外我便是外心。若作内觀其心，外觀其形，遠觀其物，則分心、我、物爲三，未免序進也。道一而已，直下便見，不勞分別。一空總空，何必序進哉！

關尹子曰　諦毫末者，不見天地之大；審小音者，不聞雷霆之聲。見大者亦不見小，見邇者亦不見遠；聞大者亦不聞小，聞邇者亦不聞遠。聖人無所見，故能無不見；無所聞，故能無不聞。

抱一子曰　人有所見，則有所不見；有所聞，則有所不聞。非神有所限而精有所量也。用吾精神，不得其道爾。殊不知凡天地萬物之妙者，皆吾之神；凡天地萬物之有者，皆吾之精。夫如是則聖人無所見，乃能無所不見；無所聞，乃能無所不聞。學者知之乎？

關尹子曰　目之所見，不知其幾何，或愛金，或愛玉，是執一色爲目也；耳之所聞，不知其幾何，或愛鐘，或愛鼓，是執一聲爲耳也。惟聖人不慕之，不拒之，不處之。

抱一子曰　是章義連前章之旨。聖人慮學者不知無所見、無所聞爲大也，姑以所聞、所見喻之。如目之所見，不知其幾何色，而視某物者執某色以拘其見；耳之所聞，不知其幾何聲，而聽某響者執某聲以拘其聞。惟聖人不慕彼之聲色，不拒彼之形響，亦不處吾之見聞，則吾之見聞大矣。

關尹子曰　善今者可以行古，善末者可以立本。

抱一子曰　學者欲行古道，必善今俗；欲返本源，須知末務。苟生於今之世，而違今之俗，則害生矣；只知有本源，而不知有末務，則難立矣。故聖人和光同塵以善今、泛應曲當以善末者，乃所以爲行古道、立本源之地也歟。

關尹子曰　狡勝賊，能捕賊；勇勝虎，能捕虎。能克己，乃能成己；能勝物，乃能利物；能忘道，乃能有道。

抱一子曰　賊以狡勝，虎以勇勝，固矣。然則己以何克哉？　己者，我身也；　克者，能勝也。知我身本何物，則知所以克之之道矣。學者當觀我本無己，因七情六欲，緣合而生，欲克我身，先克情欲。前章不云乎？「能制一情者，可以成德；　能忘一情者，可以契道。」此聖人成己之學也。既能成己矣，然後能利物。苟有一物存乎吾前，則爲物勝矣，焉能利物哉？　既能成己，又能利物，可以造道矣。然則道可忘乎？　道未能忘，焉能有道？

關尹子曰　函堅則物必毀之，剛斯折矣；　刀利則物必摧之，銳斯挫矣。威鳳以難見爲神，是以聖人以深爲根；　走麝以遺香不捕，是以聖人以約爲紀。

抱一子曰　「堅則毀矣，銳則挫矣」「以深爲根，以約爲記」，皆老子之言。而關尹子復以函、刀、鳳、麝以發明老子之旨，使學者盡守柔取虛、韜光無藏之理，以曲全免咎而已，豈非藥石之言乎？

關尹子曰　瓶有二竅，以水實之則倒瀉，閉一則水不下，蓋不升則不降；井雖千仞，汲之水上，蓋不降則不升。是以聖人不先物。

抱一子曰　夫滿水於瓶，閉一竅而倒瀉不下者，何哉？蓋水之氣不宣達而上升，則水亦不能下降矣。與夫井之水，俯而汲之，水可上出，不汲則亦不升矣。聖人懷道抱德，人能升進上求，則必俯而接之，不求則無由與之矣，此不升則不降也；聖人懷經濟之心，雖才超伊呂，非侯王屈己降志，亦無由而强化矣，此不降則不升也。瓶以升而後降，井以降而後升也。聖人取物爲則，迫而後動，感而後起，此聖人不爲天下先，乃所以爲天下先也。

關尹子曰　人之有失，雖己受害於已失之後，久之竊議於未失之前。惟其不恃己聰明而兼人之聰明，惟其無我而兼天下之我，終身行之，可以不失。

抱一子曰　使睿智聰明如虞舜，猶不自恃而捨己從人，況餘人乎？世人於既失受害之後，平心自思，公言自議，所以受禍之端皆恃一己之聰明，罔人忽理而致之也。

既知既悔，聰明何恃焉？往者不可追矣，而來者猶可爲也。惟屈己持謙，以貴下賤，不恃己能，不執我見，納天下之聰，收天下之明，兼天下之我，用天下之智，終身行之，故無再失。如勾踐保國於會稽受辱之後，秦穆納言於崤函敗師之年，皆其類也。

關尹子曰　古今之俗不同，東西南北之俗又不同，至於一家一身之善又不同。吾豈執一豫格後世哉！惟隨時同俗，先機後事，捐忿塞慾，簡物恕人，權其輕重而爲之，自然合神不測、契道無方。

抱一子曰　「隨時同俗」「先機後事」「捐忿塞慾」「簡物恕人」，是數者，與孔子翼易「隨時同人」「知幾成務」「懲忿窒慾」「易簡恕忠」之言頗同。而學者不知，謂道家之學獨尚無爲，是則將謂聖人執一豫格後世。聖人何心哉！古今四方，一家一身，俗尚雖各不同，而聖人權其輕重而爲之制，可從先進則從先進，可拜下則拜下，惟其無可無不可，所以合神不測、契道無方也。孔子不云乎？「竊比於我老彭。」然則孔老之道其可以異觀乎？

關尹子曰　有道交者，有德交者，有事交者。道交者，父子也，出於是非賢愚之外，故久；　德交者，則有是非賢愚矣，故或合或離；　事交者，合則離。

抱一子曰　道交者，聖人也；　德交者，君子也；　事交者，衆人也。聖人之交，抱道德之至純，故天下和同，譬如父子天親，不但蒲團子按　「但」，守山閣叢書本、道書全集本作「但」，道藏輯要本、鄭觀應本作「得」以是非賢愚而離間也；　若夫賢人君子之交，必以德義相合，聲氣相同，故賢則親、愚則疎，是則合、非則離，不出乎賢愚是非之域矣；　小人之交，非勢利不交也，有故而合，有故而離，莊子曰「以利合者，迫窮禍患害相棄也」，其斯之謂歟。

關尹子曰　勿以拙陋曰道之質，當樂敏捷；　勿以愚暗曰道之晦，當樂輕明；　勿以傲易曰道之高，當樂和同；　勿以汗漫曰道之廣，當樂急要；　勿以幽憂曰道之寂，當樂悅豫。古人之言，學之多弊，不可不救。

抱一子曰　古人之言教，不止一端，在當時有禽滑釐、宋銒、尹文、彭蒙、田駢、愼到墨翟諸家之學，今其言不傳。至孟子之時，止有楊、墨二家之言，則知禽、宋、尹、彭、田、愼之言，至關尹、仲尼之時已拒絕之矣。敏捷者，如今之禪學問答，所以尚口捷給也； 輕明者，如今之騰身踴躍、習觀之類也； 和同者，如西域教之六羣和同也； 要急者，如今之參一句話頭以求頓悟也； 悅豫者，如今之放逸曠達、逍遥自在是也。是數者，雖非當時古人之教，而其事大率相類，學之多弊，亦不可不救也。

關尹子曰 不可非世是己，不可卑人尊己，不可以輕忽道己，不可以訕謗德己，不可以鄙猥才己。

抱一子曰 非世者，世亦非之，禍也； 卑人者，人亦卑之，辱也； 遇輕忽而能忍，自以爲己有道，淺也； 遇訕謗而不辯，自以爲己有德，驕也； 至於逢鄙猥之人，自以爲己有才，繆也： 是五者，皆學者之病也，宜自藥之。

關尹子曰 困天之智者，不在智而在愚； 窮天下之辯者，不在辯而在訥。郭本章末有「伏天下之勇者，不在勇而在怯」二句。

抱一子曰　人之多智、多辯者，病也；　人之能愚、能訥者，藥也。　智不能困天下之智，辯不能窮天下之辯。　以智攻智，以辯敵辯，如以火止火、以水止水爾，奚益哉？　昔南唐選博學辯給之使使本朝，我太祖選不識字至愚至訥武夫對之，使辯博之使技無所施，卽此道也。

關尹子曰　天不能冬蓮春菊，是以聖人不違時；　地不能洛橘汶貉，是以聖人不違俗；　聖人不能使手步足握，是以聖人不違我所長；　聖人不能使魚飛鳥馳，是以聖人不違人所長。　夫如是者，可動可止，可晦可明，惟不可拘，所以爲道。

抱一子曰　天下道術，或尚晦，或尚明，或尚動，或尚止，皆自然之理也。　聖人觀天之道，以時吾神之晦明；　察地之利，以宜吾形之動止。　近取諸身既如是，則遠示之人亦莫不然。　是則神宜明則明之，神宜晦則晦之；　形宜動則動之，形宜靜則止之爾。　吾之手不能步、足不能握，猶魚不能飛、禽不能馳也。　天猶不可使冬蓮春菊，地猶不可使洛橘汶貉，而況違我所長乎？　而況違人所長乎？　苟違其形神之所長，而强爲之，斯害也已，道安在哉？

關尹子曰　少言者不爲人所忌，少行者不爲人所短，少智者不爲人所勞，少能者不爲人所役。

抱一子曰　多言則爲人所忌，多行則爲人所短，多智則爲人所勞，多能則爲人所役：皆悔吝也，可不謹哉？

關尹子曰　操之以誠，行之以簡，待之以恕，應之以默，吾道不窮。

抱一子曰　應事接物，不可不誠，不誠則喪德，故於誠則操而存之；不可不簡，不簡則勞神，故於簡則行而宜之；不可不恕，不恕則忿不懲；不可不默，不默則機不密。盡是四者，吾道何窮哉！

關尹子曰　謀之於事，斷之於理，作之於人，成之於天，事師於今，理師於古，事同於人，道獨於己。

抱一子曰　謀今之事，當以今之事爲師，如善弓者師弓不師羿、善舟者師舟不師奡，其式則不遠也。　**蒲團子按**　「其式則不遠」，守山閣叢書本無「式」字，道書全集本、道藏輯要本、鄭觀應本均有，故補。

斷事之理，當以古人爲師。古之聖人，揆理曲盡，非今人所及也。事作於人，不得不與人同其好惡也。既謂之事矣，作之於人，成之於天，在我何敢固必哉？若夫道，則在我獨行而已矣。

關尹子曰　金玉難捐，土石易捨。學道之士，遇微言妙行，愼勿執之，是可爲而不可執。若執之，則腹心之疾，無藥可療。

抱一子曰　學者得一善言，聞一善行，則拳拳服膺而毋失，可謂好學矣。殊不知此可以成德，不可以入道。道則靈臺皎潔，一物不留，庶可晞覬。若遇微言妙行，執之於心，是爲腹心之疾，無藥可療。何則？土石易捨，金玉難捐，微言妙行入人心府，終身不忘。昔人謂：「一句合頭語，萬劫繫驢椿。」信哉！

關尹子曰　人不明於急務，而從事於多務、他務、奇務者，窮困災厄及之。殊不知道無不在，不可捨此就彼。

抱一子曰　心外別無道，道外別無心。是道也，散在萬物，而聚見於人心。是心也，昭昭於日用之間，起居食息，無不在也。故心爲學者之急務。古人修心，無翦爪甲工夫，蓋時不待人，不容緩也。苟得其修，大而化之而爲聖；苟不得其修，則流之於卵胎濕化。舉諸世事，復有大於此者乎？世之學者，賤常貴異，急於所緩，緩於所急，貪多尚奇，而從事於外務，縱使得之，遇窮困災厄，且不能免，況度世乎？南華有言：「以隋侯之珠，彈千仞之雀。」其捨此就彼，棄重就輕，倒置如是。悲夫！

關尹子曰　天下之理，捨親就疎，捨本就末，捨賢就愚，捨近就遠，可暫而已，久則害生。

抱一子曰　此章又重發明上章之旨，謂學者亦有捨親就疎、捨本就末、捨賢就愚、捨近就遠而於道有所得者，可暫而已，久則害生。

關尹子曰　昔之論道者，或曰凝寂，或曰邃深，或曰澄徹，或曰空同，或曰晦冥，慎勿遇此而生怖退。天下至理，竟非言意。苟知非言非意，在彼微言妙意之上，乃契吾說。

抱一子曰　自古聖賢，立言垂訓，所尚不同，同歸於道。有言凝然寂默者，有言澄湛虛徹者，有言空無大同者，有言晦冥息滅者，學者遇此，勿生退怖。道不在言意，言意豈能盡道耶？在彼微言妙意之上，乃契聖人之說。

蒲團子按　鄭觀應本「有言凝然寂默者」下有「有言邃密幽深者」諸字。

關尹子曰　聖人大言金玉，小言桔梗芣苢。用之當，桔梗芣苢生之；不當，金玉斃之。

抱一子曰　聖人之言，精者如金如玉，粗者如梗如苢。昔人謂細語及粗言，皆歸無上道。有因粗言而悟道者，有研細語而不悟者。如用藥之當，服草木生之；不當，服金玉斃之。安取乎藥之貴賤哉？惟其當而已矣。

關尹子曰　言某事者，甲言利，乙言害，丙言或利或害，丁言俱利俱害，必居一於此矣。喻道者不言。

抱一子曰　道與事不同，事則有利有害，故言事則有某言中利、某言中害之理。至於言道，則終無某言中道、某言不中道之理，故善喻道者不言。

關尹子曰　事有在，事言有理；道無在，道言無理。知言無理，則言言皆道；不知言無理，雖執至言，爲梗爲翳。

抱一子曰　道與事相反，如水火、晝夜之不侔也。學者言道如言事，則誤矣。言事則事有所在，故事之言有理也；言道則無在無不在，則道之言安有所謂理哉？若知夫道無理可言，則言言皆道。不然，則雖執至言，爲梗爲翳而已。

關尹子曰　不信愚人易，不信賢人難；不信賢人易，不信聖人難；不信一聖人易，不信千聖人難。夫不信千聖人者，外不見人，內不見我，上不見道，下不見事。

抱一子曰　學道自信門入，信苟不篤，道無由而入矣。然而信聖賢易，信狂愚難。信至狂愚，則吾之信可謂篤矣。然吾之所謂信者，非世人之所謂信也。世人之所謂信者，信之信也；吾之所謂信者，不信之信也。若夫不信狂愚之人，則世人皆能信吾之不信也。至於不信賢人，則世人未必信吾之不信也。況乎至於不信聖人，則豈世人信其不信者乎？又況乎至於不信千萬聖人，此則世人尤其難信之法也。惟能信吾不信千萬聖人者，其信可謂眞信矣。斯人也，其亦外不見人，內不見我，上不見道，下不見事者哉！

關尹子曰　聖人言蒙蒙，所以使人聾；聖人言冥冥，所以使人盲；聖人言沉沉，所以使人瘖。唯聾則不聞聲，唯盲則不見色，唯瘖則不音言。不聞聲者，不聞道，不聞事，不聞我；不見色者，不見道，不見事，不見我；不音言者，不言道，不言事，不言我。

抱一子曰　昔有學者問於其師曰：「有一人負盲、聾、瘖三者之病來見於師，師何以發藥？」師曰：「汝近前來。」學者近前而立，師以掌示之曰：「此何物？」曰：「掌。」師叱曰：「汝非三種病人矣。」噫！是人聞師語而近前，則不聾矣；能見掌，則不盲矣；曰「掌」，則不瘖矣。然其人始發問端，似知此理，及乎被師一勘，則本情露矣。參同契曰「耳目口三寶，塞固勿發通」，陰符經云「九竅之邪，在乎三要，可以動靜」，與此同旨。嗚呼！安得不聞聲、不見色、不音言者與之默會哉！

關尹子曰　人徒知僞得之中有眞失；殊不知眞得之中有眞失；徒知僞是之中有眞非，殊不知眞是之中有眞非。

抱一子曰　天下學者皆知僞得之中有眞失、僞是之中有眞非，故求眞得以爲得、眞是以爲是也。殊不知道無得失、無是非，纔有得失、有是非，則是事也，非道也。如人學道而忽遇異景異物，而橫執以爲眞得眞是者，往往多遭魔攝，而不悟其爲眞失眞非矣。

關尹子曰　言道者如言夢。夫言夢者，曰如此金玉，如此器皿，如此禽獸。言者能言之，不能取而與之；聽者能聞之，不能受而得之。惟善聽者，不泥不辯。

抱一子曰　此一喻最善。與人說道，誠如說夢。說者曰：「吾夢極富貴。」聽者曰：「吾且不見，吾且不知。」說者曰：「吾眞有是夢，不可不信。」聽者曰：「吾既不見不知，何以生信？」說者不能取而示之，則曰聽者不智；聽者不能得而見之，則曰說者不實。如是則說者言之不如不言，聽者聽之不如不辯。昔人謂：「知道易，不言難；聞道易，默會難。」故善聽者不於言下求道，惟默會其言外之旨可也。苟泥其言而辯其實，烏足以爲善聽善學者哉？關尹子特於篇末垂此章爲訓者，蓋欲學者觀此玄言，不泥不辯，惟領會其言外之旨而已矣。

關尹子曰　圓爾道，方爾德，平爾行，銳爾事。

抱一子曰　道不圓則不神，德不方則不正，行不平則不常，事不銳則不利。關尹子述微言妙義既終，又慮學者或志道而忘德，或立德而遺行，或積行而廢事，是則知務本而不知務末，未有不因末而害本者也。世固有因事之失而虧行者，亦有因行之虧而損德者，亦有因德之損而妨道者，學者豈可只知從事於道，而不資德行以相扶助哉？又豈可只知積德累行，而遇事不加謹哉？世亦有志於道而闡提德行與夫失業廢事者，安知聖人立言垂訓，體用畢備，本末具陳，如此詳悉耶！噫！關尹大聖人慈憐後世之心至矣盡矣，不可思議矣，學者可不勉旃？

跋

陳抱一關尹子註，四庫全書未著錄，僅於關尹子提要一及之。世所傳汪廷訥刻本分九卷，朱蔚然刻本分三卷。又有文始眞經言外經旨，亦分三卷，不著校刊名氏，篇目後有敘說註，皆雙行，與汪、朱本迥異，然其註文並同，或謂陳氏作註後又著言外經旨以發明未盡之意，殆不見其書而妄為臆說與。道書全集僅分上下二卷，脱誤特甚，嘗以諸本互校參定，後於金陵朝天宮得道藏本，又改正數十處。其陳抱一序中脱簡多至四百餘字，並為補入。此書出後人僞撰。明宋濂謂其多法釋氏及神仙方技家，如「變識為智」「一息得道」「嬰兒蕊女」「金樓絳宮」「青蛟白虎」「寶鼎紅爐」之類，老耼時皆無是言。其說良是。然作者本主三教同源之說，而筆亦足以達之，荀卿所謂「持之有故，言之成理」。視服食、符籙等書，猶彼善於此。陳註擺落訓詁，獨抒心得，眞足以明言外之旨，亦不可廢也。

雪枝識

附錄

關尹子提要

錄自商務印書館叢書集成初編本關尹子。

關尹子一卷，舊本提周尹喜撰。案經典釋文載「喜，字公度」，未詳何本。然陸德明非杜撰者，當有所傳。李道謙終南祖庭仙眞内傳稱終南樓觀爲尹喜故居，則秦人也。考漢志有關關尹子九篇，劉向列仙傳作關令子，而隋志、唐志皆不著錄，則其佚久矣。南安時，徐蒧子禮始得本於永嘉孫定家，前有劉向校定序，後有葛洪序。向序稱：「蓋公授曹參，參薨書葬。孝武帝時，有方士來，上淮南王，秘而不出。向父德治淮南王事得之。」其說頗誕，與漢書所載「得淮南鴻寶秘書，言作黄金事」者不同，疑卽假借此事以附會之。故宋濂諸子辨，以爲文旣與向不類，事亦無據，疑卽定之所爲。然定爲南宋人，而墨莊漫錄載黄庭堅詩「尋師訪道魚千里」句，已稱用關尹子語，則其書未必出於定，或唐、五代間方士解文章者所爲也。至濂謂其書多法釋氏及神仙方技家，如變識爲智、一息得道、嬰兒蘂女、金樓絳宮、青蛟白虎、寶鼎紅爐、誦咒土偶之類，老聃時皆無是言。又謂其文峻潔而頗流於巧刻，則所論皆當。要之其書雖出於依託，而核其詞旨，固遠出天隱、無能諸子上，不可廢也。此本分一宇、二柱、三極、四符、五鑑、六匕、七釜、八籌、九藥九篇，與濂所記合。俞琬席上腐談稱舊有陳抱一註；又元大德中有杜道堅註，名闡元：今皆未見云。

關尹子元序 錄自鄭觀應刻本關尹子九篇。

關令尹喜，周大夫也。老子西游，喜望見有紫氣浮關，知眞人當過，候物色而迹之，果得老子。老子亦知其奇，爲著書。喜既得老子書，亦自著書九篇，名關尹子。今陝州靈寶縣太初觀乃古函谷關候見老子處，終南宗聖宮乃關尹故宅，周穆王修其屮樓，改號樓觀，建老子祠。道觀之興，實祖於此。老子授經後，西出大散關，復會於成都青羊肆，賜號文始先生，卽莊子所謂「博大眞人」者也。

馬臨端文獻通考卷之二百一十一經籍考子部道家書關尹子九卷「陳氏曰：『周關令尹喜，蓋與老子同時，啟老子著書言道德者。按漢志有關尹子九篇，而隋、唐及國史志皆不著錄，意其書亡久矣。徐藏子禮得之於永嘉孫定，首載劉向校定序，末有葛洪後序，未知孫定從何傳授，殆皆依託也。序亦不類向文。』」

關尹子劉向校定序

錄自商務印書館叢書集成初編本關尹子。

右新書著定關尹子九篇，護左都水使者光禄大夫臣劉向言：

所校中秘書關尹子九篇，臣向校讎太常存七篇，臣向本九篇。臣向輒除錯不可考，增闕斷續者。九篇成，皆殺青，可繕寫。

關尹子，名喜，號關尹子，或曰關令子，隱德行人易之，嘗謂請老子著道德經上下篇，列禦寇、莊周皆稱道家。書篇皆寓名有章，章首皆「關尹子曰」四字。篇篇叙異，章章義異，其旨同辭與老、列、莊異，其歸同。渾質崖戾，汪洋大肆，然有式則，使人泠泠輕輕，不使人狂。

蓋公授曹相國參，曹相國薨，書葬。至孝武皇帝時，有方士來，以七篇上，上以仙處之。淮南王安好道聚書，有此不出。臣向父德，因治淮南王事得之。臣向幼好焉。寂士清人能重愛，黃老清靜不可闕。臣向昧死上。

永始二年八月庚子護左都水使者光禄大夫臣向謹進上

關尹子葛洪後序

錄自鄭觀應刻本關尹子九篇。

洪體存蒿艾之質，偶好松喬之壽。知道之士，雖微賤，必親也；雖夷狄，必賢也。後遇鄭君思遠，鄭君多玉笈瓊笥之書，服餌開我以至道之良藥，呼吸洗我以紫清之上味，後屬洪以尹眞人文始經九篇，洪愛之誦之，藏之拜之。宇者，道也；柱者，建天地也；極者，尊聖人也；符者，精神魂魄也；鑑者，心也；匕者，食也；釜者，化也；籌者，物也；藥者，雜治也。洪每味之，泠泠然若躡飛葉而游乎天地之混冥，茫茫乎若履橫杖而浮乎大海之渺漠，超若處金碧琳琅之居，森若握鬼魅神姦之印，倏若飄鸞鶴，怒若鬬虎兕，清若浴碧，慘若夢紅。擒縱大道，渾淪之理，方士不能到，先儒未嘗言，可仰而不可攀，可玩而不可執，可鑒而不可思，可符而不可言。其忘物遺世者之所言乎？其絕迹去智者之所言乎？其同陰陽而冥彼此者之所言乎？何如此之尊高？何如此之廣大？又何如此之簡易？洪也，幸親受之。

丹陽葛洪稚川敘

儒者傳經，必有師授，無徵則不信。至於文辭之間，亦必稽其時代之久近以判其眞僞。關尹子書晚出，馬氏通考以隋、唐志不著錄，而疑非班志九篇之舊，又以序不類向文而並疑其僞託。

蓋記誦詞章，儒者之結習，不可解如此。若夫道家者流，則大不然，所爲心傳口授者，未嘗求信於凡俗也。倘拘文牽義，則後序之爲葛稚川作者，究何據哉？論語云：「道不同不相爲謀。」九流之不能强同，信矣。今因重梓是編，聊識於此，以冀方來之士，不封成見者是正焉。

光緒七年孟夏月湘東愚夫曹耀湘謹識

鄭觀應刊本關尹子傳略

文始眞人關尹子守函谷關時，望氣知有聖人將臨，果見老聖騎青牛出關，眞人懽迎道左，求著書，遂著道德五千言授之，卽今道德經是也。眞人亦著書九篇流傳不朽云。

鄭觀應刊本陳抱一祖師傳略

陳祖師名希賢，道名顯微，號抱一，山東濰陽縣人。宋理宗時官御史，因亂世辭官修眞。四十五歲，遇尹眞人化度。四十八歲成道。著有立聖篇、顯微巵言、抱一子全書，並註參同契上中下三篇、關尹子九篇。歷元、明、清，均有顯蹟。曾受玉皇封爲權聖通明教主定一眞君。往來中外，隱顯莫測，有普救衆生爲萬國開太平之願，功侔天地，澤及萬世，千古所罕見也。

陳顯微 註解
涵蟾子 編輯
蒲團子 編訂

周易參同契解

周易参同契解

序

夫物之成乎形象者，久則必毀，而乾坤不毀；物之聚乎精華者，久則必散，而日月不散；物之麗乎木火土水者，其質終壞，而眞金不壞；物之屬乎沙石草木者，其性可死，而眞丹不死。然則乾坤也，日月也，眞金也，眞丹也，皆物之至神者爾，是以仙家金丹之號，非苟而取。故金丹者，象乾坤以爲體，法日月以爲用。乾坤，吾身之天地也；坎離，吾身之日月也。乾坤升降則有候，坎離配合則有機。至寶鍊成，一得永得。此其所以不毀、不散、不壞、不死歟！大矣哉！金丹之道，包空抱一蒲團子按「抱一」，道藏輯要本作「括壞」，越數超形，非其他幻法三千六百門所可望洋矣。先聖欽重道寶，懼洩非人，每以心傳，不形竹素。後漢魏伯陽，悼大道之機欝蒲團子按「機欝」，道藏輯要本作「幾鬱」，憫志士之無師，始以所得古文金碧龍虎經假象託趣，演而伸之，紓發丹秘，曉諸未悟，目之曰「周易參同契」。其辭古意深，人病難讀，徐從事、張隨、彭眞一皆嘗傳註，今所見惟彭耳。然文義雖詳，而眞機尚隱。近時俗解，類以傍門附會，視彭益舛，貽悮後學，不足觀矣。

抱一先生陳君，天稟夙穎，洞明性命之宗，嘉定癸未，遇至人於淮之都梁，盡得金丹眞旨。寶慶初，來輦下，以慈濟心接挽後輩，始得參同契讀之，迎刃無留疑。已而盡謝朋從，入室修鍊者逾年，功益深而道益著，於是以其親履實詣，一筆諸訓解，言入微而義釋，辭不費而理彰，猶蔡墨之辨神龍，和氏之指眞玉，丹道有所恃賴矣。

昔伊川程子謂世有至難者三事：爲國而至於祈天永命，養形而至於長生，學而至於聖人。三者其功則一，皆可以奪造化。今先生之道，非但養形而已也。後學能熟味此編，深求而自得之，然後知先生之所謂道，有非言語文字之所能及者矣。

易曰：「神而明之，存乎其人。」僕洗耳先生造極之論殊久，且預聞著述之意，於是乎書。先生名顯微，字宗道，後隱以少微名，維陽人也，號抱一子，有立聖篇及顯微卮言並抱一子書傳行於世云。

有宋端平改元夏五朔旦金華洞元天壁壺道人鄭伯謙拜手謹序

自序

夫道大矣哉，造化不能違也，神聖不能測也，天地賴之以生，聖人不得而名，不可以心思，不可以言議，不可以智知，不可以識識，以性會之猶隔天淵，況以情求之者乎！及乎道生一也，一生而後道可得而神明矣。一者，「有物混成，先天地生」是也。大哉一乎！天地之母，造化之本，萬物之祖也。萬物莫不皆具此一，而卒未能長存也。關令尹子曰：

「天地成理，一物包焉，物物皆包之。」是則一物一身，各有一乾坤也。

且人之一身，陰陽、性命、魂魄、寤寐、動靜、生死之類，皆二也，各具之一，果安在哉？老子曰：「了得一，萬事畢。」一者，金丹也。金丹者，返本還元、歸根復命之妙道也。丹者，會乾坤，交坎離，簇陰陽，合男女，使二者復變而爲一，以至九宫、八卦、七政、六位、五行、四象、三才之生於二者，莫不皆歸於一，然後謂之丹。金者，五行之極。五行相生，至金而極。天一生水，水生木，木生火，火生土，土生金，金最後生，備五行之氣，造化之功用全矣。金之爲寶，鎔之得水，擊之得火，其柔象木，其色象土，水火土木四性俱備，歷萬年而不朽，經百鍊而愈堅，實剛健純陽之至寶也。天得純陽，故曰乾爲金。一得純陽，故曰金丹；神得純陽，故曰金仙：其揆一也。釋氏以地水火風四大假合修證金身，得無量壽。地水火風，卽土水火木。四者不堅，所以易壞。惟一堅密身，乃金剛不壞，亦斯道也。丹以金爲名者，此也。聖人知夫二可以返一，一可以返道，故得九還七返、八歸六居、攢五簇四、會三合二之理，廣而至於周天三百六十五度、二十八宿、七十二候、十二分野、八節四時，凡造化之所有者，無不會合。此金丹之用，非天下至神至聖，孰得而知之？然天機雖秘，代不乏人，在夫一念之精微，可以感天動地。若人善根純熟，好道心切，捨人間事，求出世因，研究道眞，孜孜玄學，攷仙經，窮聖典，低心訪友，下意求師，必遇至人授之口訣。志道而不遇者，有矣；無志而遇者，未之有也。眞仙上聖多述經書開示後學，惟東漢魏眞人準易作參同契三篇，獨盡玄秘，述至道之血脈，敘大丹之骨髓。近世學道之士，罕見古文，今得是書，可謂丹經之祖矣。其論至備而密引天機，其旨至微而顯陳法象。是經既作，古今箋註者非一，然皆未明魏君之本旨，所以張紫陽深疾後世迷徒恣其臆說，將先聖典教妄行箋註，蓋歎註是書之謬也。嗟夫！金丹大藥，難遭難遇，非世間事。是書所述，至深至秘，非世間法。苟未遇至眞，未達淵奧，徒恃廣覽，妄釋聖經，豈不紊瀆高眞，迷誤後學，而招禁空之醜耶？

愚遭遇師眞，積有歲月，每覽是書，愛其敷敘詳備，自入室辦大事之後，遊戲人間，以訪人接友爲樂。勘辨賢愚，審察邪正，痛傷近世得道者稀，悟眞者少，雖復顯露天機，亦未易會解。二三道友聞是而勸愚註之，且曰：「是書之旨，昧千載矣。諸家之註既不足觀，達道之人又不時見，今君不註，則魏君之道將誰發明？」愚應之曰：「魏君不言乎？孰讀千周萬遍，神明自能告人，在學者精勤耳。何待贅辭？況愚騰騰兀兀，懶散度時，豈暇事筆硯耶？」自是而後，二三道友每相會談道之際，輒舉一二段求釋其旨，在錢塘八九年間，口釋是書，不覺將盡。一旦錄以示愚，惟欠數段，求足成全文，且請爲序。愚因嘉之，信手補註，就序金丹之所以云。

端平改元二月圓日抱一子陳顯微序

周易參同契解卷上

抱一子陳顯微　註解
紫霞山人涵蟾子　編輯

上篇

乾坤者，易之門户，衆卦之父母。

金碧經曰「神室者，丹之樞紐，衆石之父母」，魏君謂「乾坤者，易之門户，衆卦之父母」，其義一也。非神室則無以成丹，非乾坤則無以見易。乾坤，純體之卦也；六子，破純體而爲卦也。麻衣曰：「乾坤錯雜，乃生六子，六子卽是乾坤破體。」是則六子因乾坤而生，而六十四卦亦莫不出於乾坤。故曰：「衆卦之父母。」

父母之體，本是純陰純陽，自六子之生，而純陽純陰之體破矣，烏可復純乎？陳希夷曰：「破體鍊之，純體乃成。」是知破體鍊之，可返純體而入道；衆石鍊之，可歸神室而成丹。然而衆石非外物也，吾身中之衆卦也；神室亦非外物也，吾身中之乾坤也。欲鍊大丹，先設乾坤爲神室，神室旣設，而變化在乎其中矣。

坎離匡廓，運轂正軸。

乾坤既奠，陰陽自交。乾下交坤而爲坎，坤上交乾而爲離。坎離成，而變化又在乎其中矣。

陳希夷曰：「日爲天，炁自西而下，以交於地；月爲地，炁自東而上，以交於天。」男女交精之象也。日月往來，寒暑生焉，四時成焉，晝夜分焉，陰陽定焉。天地不能寒暑也，以日月遠近而爲寒暑；天地不能四時也，以日月南北而爲四時；天地不能晝夜也，以日月出沒而爲晝夜；天地不能晦明也，以日月交會而爲晦明。

陰陽雖妙，不外乎日月；造化雖大，不外乎坎離。是故，衆卦之變，雖不齊，而不出坎離之中爻周流乎六位也。猶車輻之設，雖不一，而不出乎一轂之運居其中也。坎離中爻，謂坎中之一陽、離中之一陰，上下往來六爻之內。老子曰：「三十輻，共一轂，當其無，有車之用。」達者得其道而運身中之日月，常人昧其理而違造化之陰陽，則未免有復隍之虞、脱輻之咎，其於匡廓正軸，果何有哉？

牝牡四卦，以爲橐籥，覆冒陰陽之道。猶工御者，準繩墨，執啣轡，正規矩，隨軌轍，處中以制外。

乾者，純陽牡卦也；　坤者，純陰牝卦也。坎者，陰中有陽；　離者，陽中有陰：　牝牡相交之卦也。故謂之牝牡四卦。其他六十卦，或偏陰在上，或偏陽在下，或偏陽在上，或偏陰在下，陰陽不純，牝牡不交，不可謂之牝牡。惟此四卦覆冒陰陽之道，以爲橐籥。乾坤者，橐籥之體；　坎離者，橐籥之用。知四卦體用，則猶工者準繩墨而就規矩，御者執啣轡而循軌轍，處其理於中，制其妙於外，庶幾舉無差忒，動合自然也。

數在律曆紀，月節有五六，經緯奉日使，兼并爲六十，剛柔有表裏。

律曆之中，一月三十日，而牝牡四卦之餘，適有六十卦。以卦奉日，一日兩卦，一卦爲經，一卦爲緯，朝屯暮蒙，朝需暮訟，以至旣濟、未濟。而卦象内外剛柔之體，朝在上而暮在下，剛在表而柔在裏。并前四卦，則周易六十四卦，皆爲吾用，是則大丹之道，可以參諸易，而參同契之所以作也。

朔旦屯直事，至暮蒙當受。晝夜各一卦，用之依次序。旣未至晦爽，終則復更始。日辰爲期度，動靜有早晚。

麻衣曰：「消息畫象，無止於辭。辭外見意，方審易道。」又曰：「卦有反對，最爲關鍵。返體既深，對體尤妙。」䷂屯卦也，返之爲䷃蒙卦也。自需訟以下，皆以倒體爲次，如頤、小過之類。不可返者，則以對體次之。故䷚頤卦則以䷛大過卦次之，此對體也。自朔旦用屯蒙，至晦爽用既未，晦朔循環，終而復始，可見朝陽則暮陰，晝動則夜靜，親疎迴互，主客遞分，消息盈虛，避就生殺，進火忌斯須之謬，退符防毫髮之差，抽添須辨浮沉，運用審知昏曉。學者因象而求意，得意而忘象可也。悟眞篇云「此中得意休求象，若究羣爻謾役情」是也。

春夏據內體，從子至辰巳；秋冬當外用，自午訖戌亥。

卦有內外二體，內卦三爻，法一年之春夏、一日之子後午前；外卦三爻，法一歲之秋冬、一日之午後子前。內卦法陽，外卦法陰，乾坤交泰之象。春夏養陽，秋冬養陰；子後進火，午後退符：其理一致。

賞罰應春秋，昏明順寒暑。爻辭有仁義，隨時發喜怒。如是應四時，五行得其理。

賞爲陽，罰爲陰； 仁爲陽，義爲陰； 喜爲陽，怒爲陰。朝則行陽以應春夏，暮則行陰以應秋冬。苟能應四時之宜，自然得五行之理，非區區行賞行罰，汲汲爲仁爲義，與夫作喜作怒也。魏君假是以喻陰陽生殺云耳。況丹者，至陽之精，倘有纖毫陰氛煅鍊未盡，終未成就。修眞之士，動靜語默之間，可不謹歟？

至於好生利物、仁慈寬恕、惠愛忠信、和喜清淨、眞實不妄之類，皆陽也； 好殺害物、殘忍嫉忿、貪慳凌侮、驕傲狠恨、淫慾虛詐、不實之類，皆陰也。戒陰修陽，陰將自亡； 陰盡陽純，自然成眞。

天地設位，而易行乎其中矣。天地者，乾坤之象也； 設位者，列陰陽配合之位也。易謂坎離。坎離者，乾坤二用。二用無爻位，周流行六虛。往來既不定，上下亦無常。幽潛淪匿，變化於中。包囊萬物，爲道紀綱。

此段魏君自解。以乾坤爲神室，列陰陽配合之位，使坎離交於其中，以成變化之功。易謂坎離者，日月爲易也。日月乃天地之易，坎離卽人身中之易。乾坤其體也，坎離其用也。二用無爻位，周流行六虛，往來不定，上下無常，幽潛莫測，淪匿難尋，而變化於中，生成至寶，猶陰陽交感，化生萬物，而爲道之紀綱也。

以無制有，器用者空。故推消息，坎離没亡。

金碧經曰：「有無相制，朱雀炎空，紫華曜日，砂汞没亡。」魏君之言，蓋發明金碧經之旨也。其旨蓋以性火眞空制命水至寶。火體本空，遇物而見，而虛明無我者，皆火德也。及乎運火於太虛鼎器之中，使彌天紫焰，遍界紅光，金宮玉闕，變現千端，神獸靈龍，飛騰萬狀，此鉛汞也，亦坎離也，固非無也，然作用既已，果安在哉？故云：「故推消息，坎離没亡。」

言不苟造，論不虛生。引驗見效，校度神明。推類結字，原理爲證。坎戊月精，離己日光。日月爲易，剛柔相當。土旺四季，羅絡始終。青赤白黑，各居一方。皆禀中宮，戊己之功。

易卦納甲法，坎納六戊，離納六己。坎爲月，離爲日，故曰「坎戊月精，離己日光」。「日」「月」二字，合爲「易」字，故曰「推類結字」。是皆原理爲證，而非虛造言論也。

易既不外乎日月，丹豈不本乎坎離？然坎之與離，皆存戊己。古人云：「都緣彼此懷眞土，遂使金丹有返還。」況土旺四季，羅絡始終，水火木金，雖各居一方，而皆禀中宮土德也。張紫陽詩云「四象五行全藉土」，土德之功大矣哉！蓋土者，金母也。知五行之俱歸於土，則知五行之俱變爲金，然後能會造化於中宮，種黃芽於后土矣。

易者象也。懸象著明，莫大乎日月。窮神以知化，陽往則陰來。輻輳而輪轉，出入更卷舒。

金碧經曰：「丹術著明，莫大乎金火。窮微以任化，陽動則陰消。」魏君以易繫辭參之。然大易之道，垂象於日月；大丹之道，著明於金火。金火，即坎離也。故金精盛則玉兔增輝，火德旺而金烏倍烈。學者既窮其神而知其化，使陽往而陰來，輻輳而輪轉，遞互出入相爲卷舒，取大易爻象而爲節符，視日月昏明而行火候，自然奪天地之機，盜造化之妙矣。

易有三百八十四爻。據爻摘符，符謂六十四卦。晦至朔旦，震來受符。當斯之時，天地媾其精，日月相撢持。雄陽播玄施，雌陰化黃包。混沌相交接，權輿樹根基。經營養鄞鄂，凝神以成軀。衆夫蹈以出，蝡動莫不由。

蒲團子按 「媾」，道書全集本作「搆」，據道藏輯要本改。

易有三百八十四爻，藥有三百八十四銖。二十四銖爲一兩，三百八十四銖爲十六兩，即二八之數。據爻象陰陽升降之理，摘卦爲符，而視符行火。符即爻畫，非別有符也。據易言之謂之卦，據丹言之謂之符，故曰「符謂六十四卦」也。

卦當陽生之震，則火進一陽之符。當斯之時，神室鍊其精，金火相運推。雄陽，龍也；雌陰，虎也；播玄施者，龍騰玄天而降雨也；化黃包者，虎入后土而產金也。上天入地，混沌交接之象也。於是權輿而立其根基，經營而養其鄞鄂。其神既凝，其軀自成。凡大而天地，細而蝡動，有形有氣者，莫不由是而出。惟產此一點於外，乃降本流末爲生生無窮之道；產此一點於內，乃返本還源，長生超脱之道也。

於是仲尼讚鴻濛，乾坤德洞虛。稽古當元皇，關雎建始初。冠婚炁相紐，元年乃芽滋。

形氣未具曰鴻濛，具而未離曰渾淪。易曰：「易有太極，是生兩儀。」易猶鴻濛也，太極猶渾淪也。乾坤者，太極之變也。合之爲太極，分之爲乾坤。故合乾坤而言之，謂之渾淪；分乾坤而言之，謂之天地。仲尼讚易，首陳乾坤爲易之門户，以乾坤洞虛之德，而蘊鴻濛之易也。

關雎之詩，冠婚之義，取二炁相紐而言也。乾坤未分則謂之渾淪，陰陽相紐則謂之始初。列子曰：「太初，炁之始也；太始，形之始也。」故曰「關雎建始初」也。金丹者，太乙元君取乾坤未分、陰陽未離之炁，化爲眞汞，鍊作眞丹，故曰「先天一炁」「混元至精」，又曰「有物混成，先天地生」。金碧經曰：「元君始鍊汞，神室含洞虛，玄白生金公，巍巍建始初。」其旨在此。

元年者，首年也。修鍊之初，首初一年，滋生黃芽，金丹成矣。學者當觀時節因緣，下手用功，採取至寶，以結丹頭。丹頭既得，自然默會天機而立超聖地。世人迷昧，不曉天機，妄以私意測度，或錯認邪蹊，或誤求外物，又豈知神靈至寶生於虛無者耶？蓋乾坤未分，陰陽未判，自有其時也。學道之士，切在至誠專心，歸向道眞。一旦逢師授之口訣，或熟讀是書，豁然契悟，則自能曉悟其時。既悟其時，方能採至寶於虛無，取靈物於恍惚。或問曰：虛無恍惚之中，豈有物耶？答曰：豈不見陽燧取火、方諸取水，其火其水，憑虛而生，但人未知虛空之中，自有天然神通妙用，視之不見，聽之不聞，搏之不得者耳！

聖人不虛生，上觀顯天符。天符有進退，屈伸以應時。故易統天心。

顯天符者，日月也。日月有進退屈伸，與易卦陰陽升降往來代謝之理相應，故知易統天心。而作易聖人有大功大德於天下，豈虛生也哉？

䷗復卦建始萌，長子繼父體，因母立兆基。消息應鐘律，升降據斗樞。三日出爲爽，☳震受庚西方。八日☱兌受丁，上弦平如繩。十五☰乾體就，盛滿甲東方。蟾蜍與兔魄，日月炁雙明。蟾蜍視卦節，兔魄吐精光。七八道已訖，屈折低下降。十六轉受統，☴巽辛見平明。☶艮直於丙南，下弦二十三。☷坤乙三十日，東北喪其朋。節盡相禪與，繼體復生龍。

大道形於造化，而造化至難窺測也。苟能窺造化而測其機，則能探道妙而盜其用，非眞仙上聖，疇克爾哉？古之聖眞，仁天下之心，不可思議也。既測造化之機而利諸己，復明造化之妙而利諸人。在己者，固可以心知意會。而示人者，非假象託文，將何以發明，使人默而識之乎？於是仰觀俯察於天地之間，而顯造化之妙用者，莫大乎日月；旁求乎經書之中，而載造化之妙理者，莫出於易卦。又將日月往來盈虧之迹，校易卦爻畫變動之理，莫不相參而一致。是則參同契之所由作也。謂參太易之理，同造化之妙，契大丹之道也。

今觀乎一陽初生，其卦爲復，震下坤上。震爲長男，坤爲母，乾爲父。復卦本是純坤，一陽自乾來，變下爲震，故曰「因母立兆基」。震具乾體而微，然積漸二陽以至三陽，則乾體成矣，故曰「長子繼父體」。

消息應鐘律者，一月增一爻也；據斗樞者，一時進一爻也。每月初三日，月現微明於西方庚位，應震之一陽初生。而周易納甲法，震卦納六庚，其造化之理，參合如此。初八日月現上弦於南方丁位，應兑卦二陽生，而納甲法則兑納六丁。以至十五日，月滿於東方甲位，則乾卦又納六甲，其時卦備三陽，兔蟾俱盛。蟾蜍本金氣之精，故視卦節而漸旺；玉兔乃卯木之魄，故望太陽而吐光。

七八者，十五也。三五之道已終，則滿者虧而伸者屈，高者低而升者降。至十六日一陰生，而當陰用事。月於平旦，現在西方辛位，以應巽卦納辛。至二十三日，月於平旦，現南方丙位，應艮卦納丙。至三十日，月沒東方乙位，應坤卦納乙。節盡則又相禪與，陽復用事，繼體生龍。龍者，震也。

八卦之中，獨坎離二卦不與者，往來升降於六卦，卽坎離之二用也。坎離之用大矣哉！

壬癸配甲乙，乾坤括始終。七八數十五，九六亦相應。四者合三十，陽炁索滅藏。八卦布列曜，運移不失中。

乾納六甲六壬，坤納六乙六癸。八卦之中，惟乾坤納二榦，餘卦只納一榦，故曰「壬癸配甲乙，乾坤括始終」，以顯乾坤之中皆有眞水也。

少陽數七，少陰數八，合之得十五；老陽數九，老陰數六，合之得十五：四者合之得三十，應一月之數。七八九六者，四象也。大易之理，與造化之理，莫不一致也。至三十日月没之際，陽炁索然滅藏，過是則一陽又復生矣。宛轉循環，終而復始，運移不失其中，則準造化而無差，應卦爻而不忒矣。

元精眇難覩，推度效符證。居則觀其象，準擬其形容。立表以爲範，占候定吉凶。發號順時令，勿失爻動時。上察河圖文，下序地形流，中稽於人心，參合考三才。動則循卦節，靜以因彖辭。乾坤用施行，天地然後理。可以不慎乎？ **蒲團子按** 「可以不慎乎」句，道藏輯要本作「可以不順乎」，道藏本作「可得不愼乎」，今從道書全集本。

元精者，至靈至神之至寶也。生於虛無，無形象之可覩；隱於眇惚，無踪跡之可求。將欲採之，必洞曉陰陽，深達造化，推其符證，效其法度。居則觀象，而準擬其形容；動則立表，以占候其吉凶。上察天文，下觀潮候，中稽人心。更須循卦節而行陽，則動勿失爻象變動之時；體象辭而行陰，則靜不失至柔含光之理。如是則乾坤之用在我施行，而靈神之精可得而採取矣。況八風調則甘露降，陰陽泰則醴泉生。是皆天地洽也。和則致祥，乖則致厲，可得不謹歟？

御政之首，管括微密，開舒布寶。要道魁柄，統化綱紐。爻象內動，吉凶外起。五緯錯順，應時感動。四七乖戾，誃離俯仰。

用功之初，猶御政之首，須當遏絕凶淫，屏出嗜慾，管括元氣，使微密堅固，無走洩之虞，自然布寶於金胎，生神於玉室。苟毫髮差殊，則如政事錯謬，應時感動，天變乖離。其要在乎運火候於精微，體斗杓之運轉。爻象內動，吉凶外興，五緯或差，列宿隨戾矣。

文昌統錄，詰責台輔。百官有司，各典所部。

丹居神室，猶人君之立國。而人君之立國，蓋取於天象，有三台公輔之位，有文昌統錄之司。台輔之職，則坐而論道，調爕陰陽，使百官各任其職，故詰責在台輔也；統錄之司，則揆量人材，黜陟賢否，使百官各盡其能，故統錄在文昌也。百官有司，各稱其職，則民物安妥，而天下太平；衆卦火符，不失其度，則萬化流通，而聖胎增長。然治國者在一人之所招，修丹者在一心之所感而已。

日合五行精，月受六律紀。五六三十度，度竟復更始。原始要終，存亡之緒。或君驕溢，亢滿違道；或臣邪佞，行不順軌。弦望盈縮，乖變凶咎。執法刺譏，詰過貽主。

此段「五六」以明水土之用也。土數五，日之數五，而五行之數亦五也；水數六，月之數六，而六律之數亦六也。自甲至癸十幹，謂之十日，而五幹剛，五幹柔，此日之數五也；月律十二，而六律六吕，此月之數六也。五其六而爲三十度，度竟復更始者，晦朔循環也。金火二物，互相存亡於晦朔之間。

「或君驕溢，亢滿違道」者，土數多而分兩違也；「或臣邪佞，行不順軌」者，水銖不定也。分兩盈縮，則乖變凶咎，不當責火，過在土也。金碧經曰「非火之咎，譴責於土」，蓋謂此也。

蒲團子按 「當」，道書全集本作「常」，道藏輯要本、道藏本均作「當」，今從「當」。

辰極受正，優游任下。明堂布政，國無害道。内以養己，安靜虛無。原本隱明，内照形軀。閉塞其兑，築固靈株。三光陸沉，温養子珠。視之不見，近而易求。

丹居神室，猶北辰在上，以正衆星。人君布政，以臨萬國，中正而不動則森羅順恭，端拱而無爲則天下和平：是則爲政法天。而丹法爲政也，則當隱藏其明，回光內照，無爲靜默，固蒂深根。日月與萬象俱沉，使光輝之不露；嬰兒共玄珠增長，本溫養之無虧。無爲功裏見神功，非有相中生實相。視之不可見，聽之那得聞？然近而易求，非從外得，在學者陰功善行何如耳！

黃中漸通理，潤澤達肌膚。初正則終修，榦立末可持。

黃者，中宮之色；丹者，中宮之寶。周易坤卦六五文言曰：「君子黃中通理，正位居體，美在其中，暢於四肢，發於事業，美之至也。」而況身有大丹，懷藏至寶，則其精神異常、肌膚潤澤可知矣。大抵欲爲神仙，先爲君子。德行或慊於君子，則人道猶未充，況仙道乎？故魏君取易居中履正之辭，以發明有中形外之理，使上根之士聞之，則積行累功而登仙，中士聞之，亦不失爲善人君子也。

一者以掩蔽，世人莫知之。

《經》曰：「了得一，萬事畢。」而「一」之妙理，豈易知之者耶？苟知是一，而後可以得是一。如是之一，眞一之一也，非數之一也。眞一之一，自道而生；而數之一，則天一生水之一也。知一自道生，則大丹之道，無餘蘊矣，故曰「一者以掩蔽」。但世人莫能知之耳！

上德無爲，不以察求；下德爲之，其用不休。上閉則稱有，下閉則稱無。無者以奉上，上有神德居。此兩孔穴法，金氣亦相須。

天道下濟而光明，地道上行而卑暗。坤道上行，而其體本靜，靜則無爲而不可以察求；乾道下濟，而其體常動，動則有爲而自强不息。

上閉稱有者，坤道上行，閉之則有水，而水有形；下閉稱無者，乾道下濟，閉之則有火，而火無迹。無者以奉上者，乾可以索坤，而上行也；上有神德居者，坤則含眞一之寶也。

乾下濟則能生坤之氣，坤上行則能生乾之金，其要在乾坤二竅互相爲用，上下交泰，則金多而氣自生，氣多而金自盛，是則金之與氣實相須。此乾坤二妙用也。

知白守黑，神明自來。白者金精，黑者水基。水者道樞，其數名一。陰陽之始，玄含黃芽。五金之主，北方河車。故鉛外黑，內懷金華。被褐懷玉，外爲狂夫。

白者，銀也；黑者，鉛也。知白守黑，謂鍊銀於鉛也。鍊銀於鉛，則神明自生。銀爲金之精，鉛爲水之基。五行之中，惟獨水之數一，合道之樞，而爲陰陽之始也。雖非眞一之一，而得眞一之用，故眞一之道，先取金子爲黃芽之根。金子卽水也。欲合萬殊而爲一，必先於萬殊之中，求其一者而爲基也。此金丹之法，有取於用鉛者，其理如此，所以謂「水爲道樞」也。論至於此，始明水得眞一之用，而未是眞一之一也。

水之生數一，水之成數六，以成數六言之，則水一含土五也。故鉛外黑，內含金華，而有玄含黃芽之妙用焉。

水者五行之始，鉛者五金之主。水本居北，搬運而南，使水自下升，載寶而上，如河車之運，故曰「河車」。以黃雜黑，故曰「被褐」，謂鉛質本賤也；而白銀在內，故曰「懷玉」，謂至寶寘藏也。大抵造化之理，莫不以賤護貴，以晦養明，以卑保尊，以狂養聖，雖外視狂夫，而内懷至寶，可見機緘不露，良賈深藏，豈可與急急於人知者同日而語也？魏君之旨，雖本在鉛，而義亦兩及之。**蒲團子按** 寘，道藏輯要本作「冥」，道藏本作「宜」。

金爲水母，母隱子胎。水者金子，子藏母胞。眞人至妙，若有若無。

髣髴大淵，乍沉乍浮。進退分布，各守境隅。

銀是金，鉛是水，金生水，故「金爲水母」「水者金子」； 鉛藏銀，故「母隱子胎」「子藏母胞」。金胎處鉛中，即是眞人在淵内，或見或隱，乍沉乍浮，及乎用鉛既已，水退淵澄，眞人出見，則又各守境隅矣。金碧經曰「灰池炎灼，鉛沉銀浮」，其旨同此。

採之類白，造之則朱。鍊爲表衛，白裏眞居。方圓徑寸，混而相拘。

採之類白者，採浮銀至寶於西方； 造之則朱者，結金丹聖胎於南室。丹成顯象，如混沌雞子，白裏眞居，方圓徑寸，混而相拘。此魏君顯示先天之法象也。既生

先天地生，巍巍尊高。

於天地之先，其巍巍尊高，豈可思議？

旁有垣闕，狀似蓬壺。環匝關閉，四通踟躕。守禦固密，閼絕姦邪。曲閣相通，以戒不虞。可以無思，難以愁勞。神炁滿室，莫之能留。守之者昌，失之者亡。動靜休息，常與人俱。

神室之中，法象既圓，世界成立。金輪在外，如牆闕之周遮；世界居中，同蓬壺之美麗。銀山鐵壁之堅密，則使閼絕姦邪以無虞；瓊樓玉閣之四通，則可遊戲神通而無礙。當是時也，可以無思，難以愁勞，保護太和，如持滿器，一念動止，則法身隨焉。神炁充身，至難保護，守之則昌，失之則亡，學者勉之哉！ **蒲團子按** 「至難保護」，道書全集本作「寶」，據道藏輯要本、道藏本改。

是非歷藏法，內視有所思。履斗步罡宿，六甲以日辰。陰道厭九一，濁亂弄元胞。食炁鳴腸胃，吐正吸外邪。晝夜不臥寐，晦朔未嘗休。身體日疲倦，恍惚狀若癡。百脈鼎沸馳，不得清澄居。累土立壇宇，朝暮敬祭祠。鬼物見形象，夢寐感慨之。心歡而意悦，自謂必延期。遽以夭命死，腐露其形骸。舉措輒有違，悖逆失樞機。諸術甚衆多，千條有萬餘。前却違黄老，曲折戾九都。

世間法術，不可勝計，雖歷藏諸法，在學者明辨邪正、審察是非而已。如閉目内視而思五臟之精光，步斗而行以取天罡之正炁，按日辰而祭申，厭九一以行陰，吐正氣以吸邪，濁元胞而服炁，晝夜不卧，晦朔無休，身體日疲，精神恍惚，或立壇而祠鬼，或感夢以祈神。諸術雖多，皆非正法，將期延壽，反更夭亡，腐臭形骸，枉傷天命，誠可悲歎。又豈知金液還丹，並與父母肉身，變化而飛騰者哉？如前所述諸法，皆違背黄帝、老君之道，觀其舉措，反獲戾於九都之府矣。

明者省厥旨，曠然知所由。勤而行之，夙夜不休。伏食三載，輕舉遠遊。跨火不焦，入水不濡。能存能亡，長樂無憂。道成德就，潛伏俟時。太乙乃召，移居中洲。功滿上昇，膺籙受圖。

世之明斯道者，省魏君所述之旨，所以修鍊之由，勤而行之，夙夜無替，不踰三年，丹道成就，便可出水入火，輕舉遠遊，變化靈通，逍遙自在。然道成德就，須當潛伏人間，積功累行，以待太乙元君之召，然後移居中洲，膺圖受籙，功滿上昇，身歸紫府，所謂「功積三千，大羅爲仙；行滿八百，大羅爲客」，在功行之高下云何耳。

火記不虛作，演易以明之。偃月法鼎爐，白虎爲熬樞。汞日爲流珠，青龍與之俱。舉東以合西，魂魄自相拘。上弦兌數八，下弦艮亦八，兩弦合其精，乾坤體乃成。二八應一斤，易道正不傾。銖有三百八十四，亦應卦爻之數。

古有丹書，述火候功用，謂之火記，凡六百篇。其旨不外乎周易。然火記之作，豈虛而無據耶？當演易以明之可也。易有三百八十四爻，卽周天火候。上下二弦，二八一斤之數，一斤計三百八十四銖，適與卦爻相應。乾爻一百九十二，坤爻一百九十二，而乾坤之道備矣。

偃月爐者，謂玄關一竅之體用也。其竅半白半黑，如半弦月，故曰「偃月爐」。知偃月爲爐鼎，則大丹之道，思過半矣。

白虎在下，爲發火之樞機；青龍居上，起騰雲之風浪。其間眞汞變化流珠，是則東龍與西虎相交，陰魄與陽魂相制，運神功於金鼎，煅聖藥於玉爐，倒造化之機，翻乾坤之用，非天下之至通，其孰克如此哉！

金入於猛火，色不奪精光。自開闢以來，日月不虧明。金不失其重，日月形如常。金本從月生，朔旦受日符。金返歸其母，月晦日相包。隱藏其匡廓，沉淪於洞虛。金復其故性，威光鼎乃熺。

日月與金，最爲長久。自開天闢地以來，日月之形如常，而未嘗虧明；眞金之重如初，而未嘗奪色。蓋三者一體也。人徒見金精盛而月倍明，以知金自月生，而不知月之明本生於日也。故會合之際，月藏其明，沉淪洞虛，以受日化，乃能生金。而金性本出於日，故其堅剛重實，稟太陽之色，具太陽之性也。萬物遇火，莫不銷壞，惟金入火，色不奪光，經百鍊而愈堅，度大冶而益赤。蓋火乃太陽之色，具太陽之精，金乃太陰之精，金入猛火，乃復其故性，是以鼎爐火熾，則金色愈增可愛矣。

蒲團子按 「眞金之重如初」之「重」，道書全集本作「或」，道藏輯要本、道藏本均作「重」，今從「重」。

子午數合三，戊己數稱五。三五既和諧，八石正綱紀。呼吸相含育，佇思爲夫婦。黄土金之父，流珠水之母。水以土爲鬼，土鎮水不起。朱雀爲火精，執平調勝負。水盛火消滅，俱死歸厚土。三性既會合，本性共宗祖。

八石，外藥也，以三五譬之。子水一，午火二，子午之數，合而成三也；土數五，故戊己稱五也。三五和諧，水火土三者合會也。三者相爲夫婦，互作君臣，如八石之互相制度。土生金，故土爲金父；土尅水，故土爲水鬼。流珠，汞也，生於日而結爲金。金生水，故流珠爲水母。以水沃之，則火不炎；以土鎮之，則水不濫。是則三物一家，都歸戊己也。水得土則消，火得土則息，金得土乃歸其父也。土爲金父，則火爲金祖，故曰三性會合則本性共宗祖也。

巨勝尚延年，還丹可入口。金性不敗朽，故爲萬物寶。術士服食之，壽命得長久。土游於四季，守界定規矩。金砂入五内，霧散若風雨。薰蒸達四肢，顔色悦澤好。髪白皆變黑，齒落生舊所。老翁復丁壯，耆嫗成姹女。改形免世厄，號之曰眞人。

胡麻，又名巨勝，此凡藥也，服之尚可延年，況神丹乃純陽之精，其性如金剛之不壞，而金在萬物之中，爲至貴之寶，苟得服之，壽命長久，豈不萬倍於凡藥乎？

辰戌丑未四方，皆有土可見；金木水火，皆資土而立。而五臟之數五，雖禀金木水火，其實而資土五而榮也。金者土之子，眞丹入腹，而金氣入於五臟之内，則溟濛煙霧，遍體薰蒸，如陶冶之中，火正熾時，而上水下施，如煙如霧。其時四肢百脈，滛滛若春澤，薰蒸而流布，自然回顏換骨，返老還嬰，顏色光鮮，精神悦澤，髮白返黑，齒落更生，老翁變作壯年，耆嫗翻成姹女，形體改换，世厄自逃，晝夜清明，神識不寐，法身與幻質皆充，陰魄與陽神俱妙，方可謂之眞人矣。當是時，雖混塵凡，而不同三界；雖居濁世，而莫測行藏。欲去則直造蓬洲，放意則徑超象外矣。

胡粉投火中，色壞還爲鉛。冰雪得温湯，解釋成太玄。金以砂爲主，禀和於水銀。變化由其眞，終始自相因。欲作服食仙，宜以同類者。植禾當以黍，覆雞用其子。以類輔自然，物成易陶冶。魚目豈爲珠，蓬蒿不成檟。類同者相從，事乖不成寶。是以燕雀不生鳳，狐兔不乳馬；水流不炎上，火動不潤下。

物類相感，有不期然而自不容然者。胡粉本鉛燒就，而再投火中，則其色變壞，复化爲鉛；冰雪本水結成，再得火氣，則复化爲水。至寶之生，本出乎太陽眞精，結靈聚秀，初結成硃砂，則其中已有眞汞。眞汞者，離母則曰水銀。水銀在大冶之中，爲太陽所鍊，歲久凝爲白銀，白銀歷久，始變黃金，則是金本以砂爲主。砂者，神也，故曰神砂；汞者，精也，故曰水銀。今者鍊丹之初，先採陽精變化爲砂，次取水銀與砂相合，研和二物，煅鍊成金，既已成金，方用鉛養。蓋眞精生化，出乎太陽，本與太陰交合而生，須得眞鉛，始堪服食。眞鉛生於太陰，故曰同類。金得眞鉛，如子得母，以此相輔，陶冶易成。譬之以黍植禾，以雞抱卵，同稟相感，同炁相須也。苟不知此，別求異類，則徒勞心力，枉費工夫，猶燕雀不能生鳳，狐兔不能乳馬，水不可以蒸物，火不可以潤物也。知此理，則砂汞合而精神生，水火交而蒸潤得。是火居水下，而可以遂炎上之功；水居火上，而可以成潤下之德。非天下之至精，其孰能與於此哉！

蒲團子按 「不容然」，道藏輯要本、道藏本均作「不容不然」；「胡粉本鉛燒就」，道藏輯要本、道藏本均作「胡粉本鉛燒就」，道書全集本作「胡粉本鉛而燒就」。

世間多學士，高妙負良才。邂逅不遭遇，耗火亡貨財。據按依文說，妄以意爲之。端緒無因緣，度量失操持。擣治姜石膽，雲母及礬磁。硫黄燒豫章，泥澒相鍊持。鼓下五石銅，以之爲輔樞。雜性不同種，安肯合體居。千舉必萬敗，欲黠反成癡。僥倖迄不遇，聖人獨知之。稚年至白首，中道生狐疑。背道守迷路，出正入邪岐。管窺不廣見，難以揆方來。

金丹之正理，奪造化，迥出思議之表，不遇至人，徒勞測度。若用外物，尤其狂妄。守邪背正，又非賢才。往往學道之人，不肯堅心尋師訪友，苦志勤求，或有始無終，或狐疑中道，蹉跎白首，衰老無成，是皆以管窺天、自高自滿者之過也。然明明日月，蕩蕩乾坤，寒暑往來，朝昏相代，無非大道方來之理，不遇至人，難以揆度。學者宜先積行累德，以祈感遇，切勿自欺，到此寶山空歸去。

蒲團子按 「金丹之正理，奪造化」，道藏輯要本、道藏本均作「金丹之理，妙奪造化」。

若夫至聖，不過伏羲，始畫八卦，傚法天地。文王帝之宗，結體演爻辭。夫子庶聖雄，十翼以輔之。三君天所挺，迭興更御時。優劣有步驟，功德不相殊。制作有所踵，推度審分銖。有形易忖易，無兆難慮謀。作事令可法，爲世定詩書。素無前識資，因師覔悟之。皓若褰帷帳，瞋目登高臺。

魏君天資挺特，猶且因師覔悟，故歎金丹妙理，非有形有兆，實難忖量，雖三聖寓是理於易經，而八卦參玄機於造化，象指既形之妙，言彰可兆之功，揆之參同，猶存世法。雖聖人審分銖而制作，使學者探賾隱以推求，柰何旨秘辭中，道超象外，參同不作，冥昧奚明？此魏君所以準窮理盡性之書，述超凡入聖之道，如執左契，似褰前幃，本出師資，非干前識。是知天機雖遠，而人人有分；大道不隱，而世世得人。勿謂宿有仙骨，方可希求；當知但辨肯心，無不可者。翻逐魏君前後謙辭，始知前眞慈悲之旨。

蒲團子按　「天資挺特」，道書全集本、道藏輯要本均作「天資挺拔」；「而八卦參玄機於造化」之「玄機」，道書全集本作「玄松」，道藏輯要本作「元機」，道藏本作「玄機」，今從道藏本；「於造化，象指既形之妙，言彰可兆之功，揆之參同」，道書全集本無，今據道藏輯要本、道藏本補入；「冥昧奚明」之「冥」，道書全集本作「寘」，今據道藏輯要本、道藏本改；「翻逐」，道書全集本作「翻逐」，道藏輯要本、道藏本均作「翻覆」。

火記六百篇，所趣等不殊。文字鄭重說，世人不熟思。尋度其源流，幽明本共居。切爲賢者談，曷敢輕爲書。若遂結舌瘖，絕道獲罪誅。寫情著竹帛，又恐洩天符。猶豫增歎息，俛仰綴斯愚。陶冶有法度，未忍悉陳敷。略述其綱紀，枝條見扶疎。

世之學者，見丹經紫書火候之說，述進退文武之功，有始終起止之異，不狐疑者，鮮矣。所以諸經多云有六百篇以載火候之功用，殊不知言殊旨一，體異用同。既識朝屯暮蒙之返覆，則知晝姤夜復之循環，如轉璇璣，如循軌轍。雖文辭之鄭重，實祝符之勤渠。故彰六百篇以周三百日，不出乎進退兩卦，但在夫始終一誠，心志情專，絲毫不忒。歎夫聖言不隱，世不熟思，故魏君復敘三篇無非一理。蓋欲條析紀綱，陳敷法度，使後學易明，厥量大哉！

蒲團子按 「祝符」，道書全集本作「祝符」，道藏輯要本、道藏本均作「祝付」。

以金爲隄防，水入乃優游。金計有十五，水數亦如之。臨爐定銖兩，五分水有餘。二者以爲眞，金重如本初。其三遂不入，火二與之俱。三物相含受，變化狀若神。下有太陽炁，伏蒸須臾間。先液而後凝，號曰黃轝焉。歲月將欲訖，毁性傷壽年。形體爲灰土，狀若明窻塵。

蒲團子按　「窻」，道書全集本作「窓」，道藏輯要本作「牕」，道藏本作「牕」，均同「窗」。

欲鍊大丹，先以純金修築城郭，周遭圍遶，然後取眞水入於其中，始無滲漏。或謂金隄，或言城郭，皆此意也。欲築金隄，但知「四象五行全藉土」之理，則金自然生成矣。會用五行眞土，能成五行眞金。蓋土者，金母也。既成五行眞金，則能櫃五行眞水。蓋水者，金子也。水土金三物紐結成方土之形，而嬰兒現象於其間矣。及夫運用上昇，則金光滿室，騰騰若車轝之行，故號「黃轝」也。但臨爐定則，金重不過五分，故水多些小不妨。其三不入，火二與俱者，木三火二也。火二與木三俱不入，如人之魂神，本自無體，寓物而現。修眞之功，但鍊水土金三物。三物既結就而成寶，則魂神自然與之俱妙矣。水入金隄，本是凝液，借太陽在下之氣，伏蒸煅鍊，變成黃轝。火力既周，神功既足，則千變萬化，鳳輦龍車，皆是物也。及乎脱胎，則形體閃爍，如明窓日影射塵之狀。此魏君顯露功成變化之象，柰何世人不知，妄行忖測，曾未夢見，敢肆臆說，惟親詣者能知之耳。**蒲團子按**「故水多些小」，道書全集本作「故水多些小」，道藏輯要本作「放水多些小」，道藏本作「放水多些少」；「惟」，道書全集本作「推」，道藏輯要本、道藏本均作「惟」，今從「惟」。

擣治并合之，馳入赤色門。固塞其際會，務令致完堅。炎火張於下，晝夜聲正勤。始文使可修，終竟武乃陳。候視如勤慎，審察調寒溫。周旋十二節，節盡更相親。氣索命將絕，休死亡魂魄。色轉更爲紫，赫然成還丹。粉提以一丸，刀圭最爲神。**蒲團子按**「候視如勤慎」之「如」，道書全集本作「如」，道藏輯要本、道藏本均作「加」。

此言運用之功。動天地之橐籥，如擣而治之，直治南方赤門，方固閉，而使水火際會。此功晝夜不絕，先以文升，次以武降，周旋十二時，一日既終，更宜相親。至於炁已索然，命將垂絕，百脈歸根，萬竅俱寂，非死也，猶死也。絕後重甦，金光轉紫，狀如紫粉，一刀圭許，時時呈露，處處見形，變化不測，神妙不可思議矣。**蒲團子按**「直治南方赤門」之

「治」，道書全集本作「治」，道藏輯要本、道藏本均作「至」。

推演五行數，較約而不煩。舉水以激火，奄然滅光明。日月相激薄，常在晦朔間。水盛坎侵陽，火衰離晝昏。陰陽相飲食，交感道自然。

若以五行較之，火見水則奄然滅光。然日月亦水火也，每遇合朔，兩不相傷，何也？蓋天地陰陽交感相食，自有定數定期，無水盛火衰之害。能察其機而盜用之，則宇宙在手，萬化在身，雖水火之相尅，而合爲夫婦，金木之相隔，而自然交通。然天下莫能見而莫能知也。悲夫！

名者以定情，字者緣性言。金來歸性初，乃得稱還丹。吾不敢虛說，倣傚聖人文。古記題龍虎，黄帝美金華。淮南鍊秋石，王陽加黄芽。賢者能持行，不肖毋與俱。古今道由一，對談吐所謀。學者加勉力，留念深思惟。至要言甚露，昭昭不我欺。

蒲團子按　「思惟」，道書全集本、道藏本均作「思惟」，道藏輯要本作「思維」。

此言還丹之所以稱還丹也。

還者，以情言；丹者，以性言。金來歸性初者，言金公本我性所生，今使之復見其母，還歸本初，與奼女相合，結成嬰兒，故曰還丹，紫陽詩曰「金公本是東家子，送在西鄰寄體生。認得喚來歸舍養，配將奼女結親情」是也。古今名稱雖不同，其實一道也。

蒲團子按 紫陽詩「送在西鄰寄體生，認得喚來歸舍養」，道書全集本作「送在西鄰寄體生，認得換來歸舍親」，道藏輯要本作「送在西林寄體生，認得喚來歸舍養」，道藏本作「送在西鄰寄體生，認得喚來歸舍養」，今從道藏本。

周易參同契解卷中

抱一子陳顯微宗道 註解
紫霞山人涵蟾子 編輯

中篇

乾剛坤柔，配合相包。陽稟陰受，雄雌相須。須以造化，精炁乃舒。坎離冠首，光耀垂敷。玄冥難測，不可畫圖。聖人揆度，參序元基。四者混沌，徑入虛無。六十卦周，張布爲輿。龍馬就駕，明君御時。和則隨從，路平不邪。邪道險阻，傾危國家。

乾坤剛柔，二者配合，遞相包含，則自然陽稟與而陰受藏也。蓋陽雄則播施，陰雌則含受，孤陽不生，孤陰不育，雄雌二者相須，精炁舒布，以成造化。如人受胎，莫不以陰陽相交爲之造化。故當以乾坤二卦爲始。

今云「坎離冠首」者，蓋乾坤爲天地，坎離爲日月，天地定位，不能合而爲一，而交於其中，合而爲一者，日月也。故乾坤爲藥之體，坎離爲藥之用。所以只言坎離冠首者，以明大藥之用，全在坎離也。是則乾坤爲鼎，而坎離爲藥爾。

然坎離之用，卽於乾坤二體之間上下往來，飛潛不定，豈易畫圖哉？聖人欲揆度其玄妙以告學者，惟觀六十雜卦之中，一陽畫，一陰爻，或在上，或在下，玄冥難測，但當如明君之御時，而以六十卦爲輿，泰然無爲以就駕，則可晏然而順步，徐徐進道。雍容和易，穩路平驅，自始至終，周循諸卦，安有險阻之患？故曰「和則隨從，路平不邪」。

尚不達此，安行邪徑，則有顚覆之憂、傾危之咎矣。劉海蟾云「莫教翻却紫河車」，與此意同。蓋言路雖平夷，須防險阻，不可不謹也。

君子居其室，出其言善，則千里之外應之，謂萬乘之主，處九重之室，發號出令，順陰陽節，藏器俟時，勿違卦月。屯以子申，蒙用寅戌，餘六十卦，各自有日。**蒲團子按**「俟」，道書全集本作「候」，道藏輯要本作「俟」，道藏本作「伺」，今據註文，從道藏輯要本作「俟」。

修丹之士，一年處室，尤爲艱難，所動雖小，所感甚大。如萬乘之君，深居九重，動止語默，關係天和。如易所謂「君子居室，應在千里」，正可爲比。惟當順陰陽之降騰，隨行德而進止，如懷至寶，如獲目睛，如養胎兒，如持滿器，俟時之至，不可違於卦月。屯則自子至申，蒙則自寅至戌，其餘諸卦，各自有時。蓋一日兩卦，一時六爻，欲識陰陽，須分晝夜，欲知晝夜，須分黑白，黑白既分，卦爻斯得。易曰「通乎晝夜之道而知」者，此也。

聊陳兩象，未能究悉。立義設刑，當仁施德。逆之者凶，順之者吉。按曆法令，至誠專密。謹候日夜，審察消息。纖介不正，悔吝爲賊。蒲

團子按　「介」，道書全集本、道藏輯要本均作「介」，道藏本作「芥」。

兩象者，屯蒙也。未能究悉者，不敢盡洩火候天機也。學者遇師得旨，依時下手，結就丹頭，須當按乎曆法，至誠專密，謹候日夜，審察消息。遇陽則進，如當仁而施德；遇陰則退，如立義而設刑。順之者吉，逆之者凶。如其間毫髮不正，則有悔吝存乎其間而爲賊害。如苗中之草萊，鏡中之塵垢。且世人鍊丹砂，猶恐水火差誤，況茲金液大丹乎？

二至改度，乖錯委曲，隆冬大暑，盛夏霜雪。二分縱横，不應漏刻：風雨不節，水旱相伐；蝗蟲湧沸，群異旁出；天見其怪，山崩地裂。孝子用心，感動皇極。近出己口，遠流殊域。或以招禍，或以致福，或興太平，或造兵革：四者之中，由乎胷臆。

二至者，陰陽之始從出也，苟乖錯其用，則天變隨之，夏雪冬雷，災異斯慘；二分者，陰陽之所交分也，苟乖錯其用，則天變亦然，山崩地裂，水旱爲災，不可勝言矣。此蓋運火之士，失時差誤，而眞胎損害，世界崩摧。

孝子喻眞胎，皇極喻禍福。或致太平，或致兵革，或以招禍，或以招福，皆由運火之士胷臆所感召也。鍊丹之法，與世法無殊。然治世之所感召，猶如影響，況奪天地之造化而與天地合其德、同其運耶！

動靜有常，奉其繩墨。四時順宜，與氣相得。剛柔斷矣，不相涉入。五行守界，不妄盈縮。易行周流，屈伸反覆。

火候禍福，既如前章，則當動靜有常，如循繩墨，不可差四時之宜，自然與二炁相得，剛不侵逾，柔不退縮，或屈或伸，或返或覆，五行周流，各守疆界，方可無虞。

晦朔之間，合符行中。混沌鴻濛，牝牡相從。滋液潤澤，施化流通。天地神靈，不可度量。利用安身，隱形而藏。始於東北，箕斗之鄉。旋而右轉，嘔輪吐萌。潛潭見象，發散精光。

至於晦朔之間，則當合符行中，如混沌鴻濛，不可度量。蓋牝牡相從，滋液潤澤，施化流通之時也，豈可用工乎？故利用安身，隱形而藏，却自箕斗之鄉，嘔輪吐萌，發散輝光可也。寒山子詩云：「不得露其根，根虛則子墜。」蓋體用不同，施功亦異故也。

昴畢之上，☳震出爲徵。陽氣造端，初九潛龍。陽以三立，陰以八通。故三日震動，八日☱兌行。九二見龍，和平有明。三五德就，☰乾體乃成。九三夕惕，虧折神符。盛衰漸革，終還其初。☴巽繼其統，固濟操持。九四或躍，進退道危。☶艮主進止，不得踰時。二十三日，典守弦期。九五飛龍，天位加喜。六五☷坤承，結括終始。韞養衆子，世爲類母。上九亢龍，戰德於野。用九翩翩，爲道規矩。陽數已訖，訖則復起。推情合性，轉而相與。

魏君以一月之間月形圓缺，喻卦象進退。自初三日爲一陽，初八日爲二陽，十五則三陽全而乾體就，十六則一陰生，二十三則二陰生，三十日則三陰全而坤體成。昴畢在西方庚位，如上卷所言「震庚見西方」之意相同。余備述於前卷。魏君重復言之，欲學人深明體用耳。

循據璇璣，升降上下。周流六爻，難可察覩。故無常位，爲易宗祖。

一日之間，火候周旋，如璇璣之運，自子升上，至午降下，周歷六爻。雖無形迹可觀，而默運造化，會之於心，其時靈藥隨日往來，升降上下，未嘗停止，豈有常位？所以與大易陽生陰降之理合也。謂「爲易宗祖」者，聖人先悟金丹之理，以自修持，超凡入聖，而後述是理於易，以示後人。是知大易之作，本諸大丹，而大丹之道，迺易之宗祖也。

朔旦爲復䷗，陽氣始通。出入無疾，立表微剛。黃鐘建子，兆乃滋彰。播施柔暖，黎蒸得常。

半夜子時，火候起緒也。一陽未生，火候未動，眾陰群居，如眾庶無統。及乎火候既動，陽氣始通，播施和暖，薰蒸鼎器。光明既兆，則爲萬化發生之主。是時，修鍊之士，便能默會進火之機，以微剛爲表準，出入往來，收放無疾。自茲以往，漸漸增修，以至純乾，煅鍊成寶。大凡初功，尤宜加謹。前輩詩云：「夜寒宜向火，護眾到天明。」此卽「播施柔暖，黎蒸得常」之義也。

臨䷒爐施條，開路正光。光曜漸進，日以益長。丑之大呂，結正低昂。

丑時進二陽火候也。至是則光耀漸進，開玄路，正光明也。陽自下生，當就下結。其時用功正低，待過此一爻，漸以放仰，以隨化機，故曰「結正低昂」。

仰以成泰䷊，剛柔並隆。陰陽交接，小往大來。輻輳於寅，運而趨時。

寅時進三陽火候也。至是則剛柔交分，陰陽各半，上水下火，是則精水上騰，神火下仰，仰者欲升，騰者欲降，陰陽交接，小往大來，造化輻輳於此。

漸歷大壯䷡，俠列卯門。榆莢墮落，還歸本根。刑德相負，晝夜始分。

卯時進四陽，沐浴之候也。其時晝夜始分，生殺相半。萬物至春敷榮，而榆莢至是獨落。蓋榆莢應星，星至曉隱。以金丹與森羅萬象相參，而萬象森羅，亦生於日月故也。

夬䷪陰以退，陽升而前。洗濯羽翮，振索宿塵。

辰時進五陽火候也。至是則五陽上升，水源清澄，如禽出水，振洗羽翼，將欲奮飛，爲衝天之舉矣。

乾䷀健盛明，廣被四鄰。陽終於巳，中而相干。

巳時進六陽火候也。至是則純乾體就，月圓水滿，光盛神盈，正而不偏，圓而不缺，光被四表，明遍十方矣。

姤䷫始紀緒，履霜最先，井底寒泉。午爲蕤賓，賓伏於陰，陰爲主人。

午時退一陰符候也。至是則陰爲主而陽爲客，苟不識主中賓、賓中主，則差之毫釐，爲害不細。勿以一陰方萌，未能爲害。柰何井底寒泉，而履霜冰至。前輩所以切切論賓主之分者，以此。

遯䷠世去位，收斂其精。懷德俟時，棲遲昧冥。

未時退二陰符候也。

否䷋塞不通，萌者不生。陰伸陽屈，没陽姓名。

申時退三陰符候也。

觀䷓其權量，察仲秋情。任蓄微稚，老枯復榮。薺麥牙蘖，因冒以生。

酉時退四陰符，沐浴候也。薺麥應日，故至八月芽蘖，日魂胎於酉也。木至是而胎藏，土至是而沐浴，故酉爲沐浴之候。

剥䷖爛肢體，消滅其形。化氣既竭，亡失至神。

戌時退五陰符候也。

道窮則返，歸乎坤䷁元。恒順地理，承天布宣。

亥時退六陰符候也。

玄幽遠渺，隔閡相連。應度育種，陰陽之源。寥廓恍惚，莫知其端。先迷失軌，後爲主君。無平不陂，道之自然。變易更盛，消息相應。終坤始復，如循連環。帝王乘御，千載常存。

磁石吸鐵，陽燧取火，方諸取水，皆陰陽相感、隔礙相通之理，豈能測其端倪哉！修丹之功，始若迷昧，及乎火候既終，丹力既熟，方知身爲世尊，如帝王之乘御矣。此道豈外乎終坤始復之機哉？魏君重復言之，可謂明之盡矣。

將欲養性，延命卻期。審思後末，當慮其先。人所禀軀，體本一無。

元精雲布，因炁託初。

蒲團子按 「延命卻期」，道書全集本作「延命欲卻期」，道藏輯要本、道藏本均作「延命卻期」，今從後者。

夫血氣之屬各有性，而性未嘗不出於正也；血氣之屬各有命，而命未嘗不出於情也。然性本正矣，及乎迷失眞性而淪溺於邪蹊，甚至爲凶人，爲蛇，爲蝎，爲異類，變其性而爲邪性者，有矣；命本情矣，及乎明心見性，了知一切眾生各因淫欲而正斯命，於是鍊精化炁，入聖超凡，變其命而爲正命者，有矣。知性之本，然後能養；知命之正，然後能延。試思夫人之始初，稟受形軀之時，本一正性也，而父母交精，元氣雲布，果出於正耶？果出於情耶？圓覺經謂「命因慾有」，與此同旨。

陰陽爲度，魂魄所居。陽神日魂，陰神月魄。魂之與魄，互爲宅舍。性主處內，立置鄞鄂。情主營外，築垣城郭。城郭完全，人物乃安。爰斯之時，情合乾坤。乾動而直，炁布精流；坤靜而翕，爲道舍廬。剛施而退，柔化以滋。九還七返，八歸六居。男白女赤，金火相拘。則水定火，五行之初。上善若水，清而無瑕。道之形象，眞一難圖。變而分布，各自獨居。

夫情性生於魂魄，魂魄生於明暗，明暗生乎日月，日月生於陰陽，聖人以乾坤剛柔、動靜闔闢之機推測之。此大丹之道，所以契大易也，其要不出乎以陰陽爲度也。故日出於卯，則天明而魂盛；日入於酉，則天暗而魄盛。魂爲陽神，魄爲陰神；魂以晝爲室，魄以夜爲宅：其實不出乎明暗二機也。

夫人晝明則用魂、用神，而魂體本性也；夜暗則歸精、歸魄，精魄本命也。命生情，故以精魄爲城郭；性生心，故存心神爲鄞鄂。城郭固堅，人物乃安，當斯之時，以情營外，然後乾坤合，而剛柔、動靜、闔闢之理得矣。於是一運之氣，周乎太空，升降混淪，俱化眞土。九金八木，七火六水，還返歸居，皆入於土矣。歸土則五行全，而萬物生其中，男見白形，女呈赤色。蓋五行聚會，而金火相拘，火鍊金而金櫃水，如湯在鼎而玉鼎湯煎，如鼎在爐而金爐火熾。只言水金火三者，揔在土中。言火則自然有木，造化既成，鉛凝汞結於鼎中，則水之爲功，又善之上者也。至寶無瑕，至眞難摸，火候既足，五行分布，則又各自獨居，而不相陵犯也。

類如雞子，黑白相扶。縱橫一寸，以爲始初。四肢五臟，筋骨乃俱。

彌歷十月，脱出其胞。骨弱可捲，肉滑若鉛。

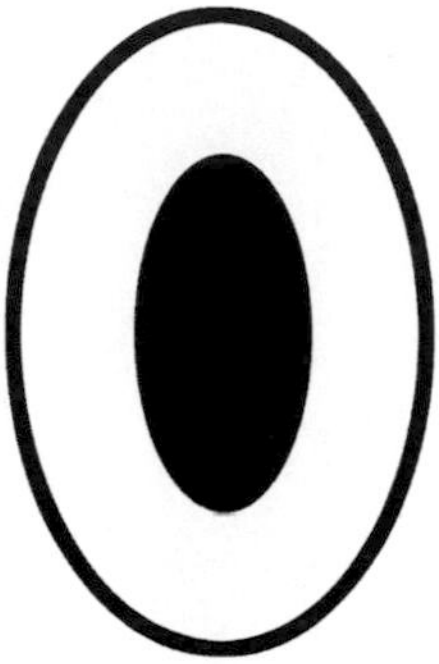

縱廣一寸，横微狹焉，法身在其中矣。前輩有云：「爭如跳出珠光内，湧身直到紫微宫。」

陽燧以取火，非日不生光。方諸非星月，安能得水漿？二炁玄且遠，感化尚相通。何況近存身，切在於心胷。陰陽配日月，水火爲效徵。

陽燧者，鍊五色石作鏡，向日以艾取火，淮南子謂之火方諸。又有水方諸，以水晶爲珠，向月取水，又謂之陰燧。陽燧、方諸，若不假日月，則不能生水取火。人身之中，陰陽升降，與天地造化同運，其間水火交通之理，亦豈外乎日月往來交會之機以求證效哉？

耳目口三寶，固塞勿發通。眞人潛深淵，浮游守規中。旋曲以視聽，開闔皆合同。爲己之樞轄，動靜不竭窮。離炁内營衛，坎乃不用聰。兑合不以談，希言順鴻濛。三者既關鍵，緩體處空房。委志歸虚無，無念以爲常。證難以推移，心專不縱横。寢寐神相抱，覺寤候存亡。顔容浸以潤，骨節益堅强。排卻衆陰邪，然後立正陽。修之不輟休，庶炁雲雨行。淫淫如春澤，液液象解冰。從頭流達足，究竟復上昇。往來洞無極，怫怫被容中。返者道之驗，弱者德之柄。耘鋤宿污穢，細微得調暢。濁者清之路，昏久則昭明。

耳不聽，則坎水内澄；目不視，則離火内營；口不言，則兑金不鳴。三者既閉，則眞人優游於其中。須用無念無慮，不可愁勞，委志虚無，心專不逸。緩體處空房者，無他意也，蓋欲人守雌抱一，緩弱其體，獨處空房之中，寢寐則神相抱，覺悟則審候存亡。然後排卻陰邪，純陽積聚，一身之中，太和充溢，象解冰之液液，如春澤之融融，庶炁雲行，如雨如霧，上下往來，從頭達足。修之不輟，污穢盡除，筋骨調暢，顔容光潤，骨節堅强，血化白膏，神形俱妙。但七門既返，殆若亡生，百脈俱沉，形氣消盡，力弱不支，昏濁如醉。此乃道之驗、德之柄也。昏者明之基，濁者清之源。自兹以往，圓明洞照，虚徹靈通，莫不自昏濁始也。

世人好小術，不審道淺深。棄正從邪徑，欲速閼不通。猶盲不任杖，聾者聽宫商，没水捕雉兔，登山索魚龍，植麥欲穫黍，運規以求方。竭力勞精神，終年不見功。欲知服食法，事約而不繁。

世人棄正從邪，嗜好小術，徒勞心力，至了無成。焉知大道之妙，至簡至易，約而不繁者哉！

太陽流珠，常欲去人，卒得金華，轉而相因。化爲白液，凝而至堅。金華先唱，有頃之間。解化爲水，馬齒琅玕。陽乃往和，情性自然。迫促時陰，拘蓄禁門。慈母養育，孝子報恩。嚴父施令，教勑子孫。五行錯王，相據以生。火性銷金，金伐木榮。三五與一，天地至精。可以口

蒲團子按 「有頃之間」之「頃」，道書全集本作「傾」，道藏輯要本、道藏本均作「頃」，今從「頃」。

訣，難以書傳。

人命在卯。日出於卯，而萬物仰之以生，是則萬物皆借太陽之精以立命矣。太陽流珠者，命寶也。其此命寶，寓神則營營而亂思，亂思則逐物而遷化矣；寓精則持盈而難保，難保則撓念欲洩矣，故曰「常欲去人」。但世人之知是理者鮮矣。雖知之而能存者，又鮮矣。然太陽之寶，本木魂之精，若得金華而制伏之，則化爲白液，凝作黃芽，如馬齒琅玕之狀，拘蓄酉門而成變化。其法以五行吞啖之理，如父驅子，如子投母，似母養育，似子報恩。故先用火銷金，次用金伐木，皆如嚴父之驅子。然後化爲水。水者，木之母也。故曰「母育」。復凝成金。水者，金之子也。自子變母，故曰「報恩」。其要不出三五與一，所謂「三五一都三箇字，古今明者實然稀」。苟不遇至人授之口訣，豈可輕易以文字窺測天機也耶？

象彼仲冬節，草木皆摧傷。佐陽詰賈旅，人君深自藏。象時順節令，閉口不用談。天道甚浩廣，太元無形容。虛寂不可覩，匡郭以消亡。

謬誤失事緒，言還自敗傷。別序斯四象，以曉後生盲。

仲冬之節，萬物歸根。當斯之時，造化難測。觀夫天道，則閉塞不通，浩廣而難知；察彼太玄，則虛寂隱淪，無形之可覩：果何據而測造化之機耶？魏君別序四象，以示後來，具於下章。

子當右轉，午乃東旋。卯酉界隔，主客二名。龍呼於虎，虎吸龍精。兩相飲食，俱相貪榮。遂相啣嗛，咀嚼相吞。熒惑守西，太白經天。殺氣所臨，何有不傾。狸犬守鼠，鳥雀畏鸇。各得其功，何敢有聲。

子從右轉來東卯，午從東旋來西酉，皆越九轉也。如此則龍從火裏出，虎向水中生，熒惑守西而制金，太白經天而晝見矣。自然龍呼於虎，虎吸龍精，狸犬假虎威而制鼠，鳥雀望日烏而畏鸇，各得其功，不敢出氣。此皆五行相制之理，而容不然者如此。

蒲團子按　「而容不然者」，道書全集本作「而容不然者」，道藏本作「不容不然者」，道藏輯要本自註文「狸犬假虎威而制鼠」至物無陰陽節註文「張紫陽詩云：『莫把孤陰謂有陽，獨修一物轉羸尫。』」脱落。

四象之圖

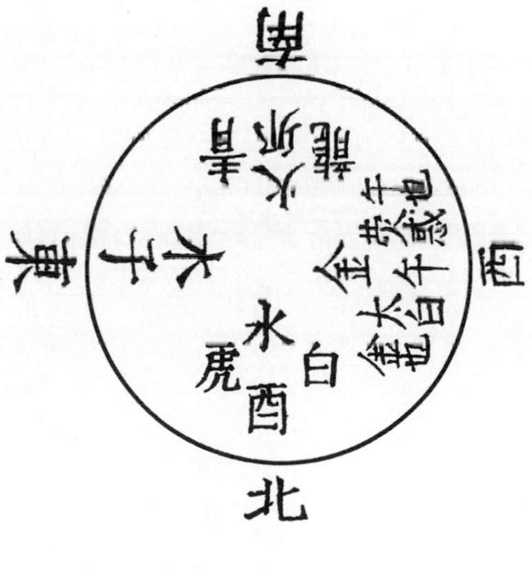

不得其理，難以妄言。竭殫家產，妻子饑貧。自古及今，好者億人，訖不諧遇，希有能成。廣求名藥，與道乖殊。如審遭逢，覩其端緒。以類相況，揆物終始。

不得其理，徒求外藥，枉費資財。一旦遭逢，覩其端緒，則能奪天地之造化，揆萬物之終始矣。

五行相尅，更爲父母。母含滋液，父主禀與。凝精流形，金石不朽。審專不洩，得爲成道。立竿見影，呼谷傳響。豈不靈哉，天地舒象。若以野葛一寸，巴豆一兩，入喉輒僵，不得俛仰。當此之時，雖周文揲蓍，孔子占象，扁鵲操鍼，巫咸扣鼓，安能令甦，復起馳走？

蒲團子按　「天地舒象」，道藏本作「天地至象」。

夫人之命，既可使之速死，亦可使之長生。毒藥入口，雖聖哲不能復甦；刀圭下咽，雖鬼神不能强害。神靈之妙，盡在虛明，本五行變化之機，實大造發生之體，故立竿見影，皆神火之靈明，而呼谷聞聲，亦神虛之應響。金石難朽，本出於虛無，而鉛汞至靈，實生於造化，可謂恍惚中有物，杳冥中有精，非天下之至神，孰得而知之哉？

河上姹女，靈而最神。得火則飛，不見埃塵。鬼隱龍匿，莫測所存。欲將制之，黄芽爲根。

北方正炁，變爲姹女，見火則飛騰出没，隱匿無常，若鍊就黄芽，方能制伏，如鬼子母入琉璃鉢中，神通無所施矣。得吾道之高者，自能知之。

物無陰陽，違天背元。牝雞自卵，其雛不全。夫何故乎，配合未連。三五不交，剛柔離分。施化之精，天地自然。猶火動而炎上，水流而潤下。非有師導，使其然也。資始統政，不可復改。觀夫雌雄，交媾之時，剛柔相結，而不可解，得其節符，非有工巧，以制御之。若男生而伏，女偃其軀，稟乎胞胎，受炁元初。非徒生時，著而見之；及其死也，亦復效之。此非父母，教令其然，本在交媾，定置始先。**蒲團子按** 「師導」，道藏本作「師道」；「交媾之時」之「媾」，道書全集本原作「垢」，道藏本作「媾」，據道藏本改。

張紫陽詩云：「莫把孤陰謂有陽，獨修一物轉羸尫。」鍾離先生詩云：「莫謂此身云是道，獨修一物是孤陰。」須知「一陰一陽之謂道」「男女姤精，萬物化生」，而後可語還丹矣。苟一物不合，三五不交，水火未濟，剛柔離分，則陰陽隔絶，天地閉塞，所謂「偏陰偏陽謂之疾」也。**蒲團子按** 「羸尫」，道書全集本作「羸尫」，道藏本作「羸尫」，今從道藏本。

坎男爲月，離女爲日。日以施德，月以舒光。月受日化，體不虧傷。陽失其契，陰侵其明。晦朔薄蝕，掩冒相傾。陽消其形，陰凌災生。男女相須，含吐以滋。雌雄錯雜，以類相求。

天地所以能長久者，以日月往來，陰陽交會，相資以發光輝。一纔失度，則有薄蝕之患。人之坎離，猶天地之日月也，能以類盜天地之機乎？

金化爲水，水性周章；火化爲土，水不得行。故男動外施，女靜内藏，溢度過節，爲女所拘。魄以鈐魂，不得淫奢。不寒不暑，進退合時。各得其和，俱吐證符。

此言金木爲夫妻、水火爲配耦之妙。金生水，水性濕，苟無土以制之，則未免過溢之患。木生火，火生土，土生而後水不得行，拘收藏蓄，而與火爲配耦。是則金木相尅得爲夫婦者，假火之力也；水火相尅而爲配耦者，假土之力也。然後進退合時，各得其和，而隨時變現，俱吐證符矣。

丹砂木精，得金乃并。金水合處，木火爲侶。四者混沌，列爲龍虎。龍陽數奇，虎陰數偶。肝青爲父，肺白爲母，腎黑爲子，脾黄爲祖，子五行始。三物一家，都歸戊己。

金木甲庚相資爲用者，彼此懷眞土也。金四與水一合化土五，木三與火二合化土五。雖東木之龍，西金之虎，東三西四，奇偶不齊，及乎分作三家，合成一舍，則都歸戊己土矣。

剛柔迭興，更歷分部。龍西虎東，建緯卯酉。刑德並會，相見歡喜。刑主伏殺，德主生起。二月榆落，魁臨於卯；八月麥生，天罡據酉。子南午北，互爲綱紀。一九之數，終而復始。含元虚危，播精於子。

自子至巳爲乾剛，自午至亥爲坤柔，識此迭興之理，則自然龍西虎東，子南午北，建緯卯酉，生起殺伏，互爲綱紀，各得時矣。二月本生起，而酉酉臨之，故榆死歸根；

八月本殺伏，而東卯臨之，故薺麥發生。自西卯順行九轉，然後見南方之子；自東酉逆行九轉，然後見北方虛危。此一九之數。「含元虛危，播精於子」者，此也。

關關雎鳩，在河之洲，窈窕淑女，君子好逑。雄不獨處，雌不孤居。玄武龜蛇，蟠虬相扶。以明牝牡，竟當相須。假使二女共室，顏色甚姝，令蘇秦通言，張儀結媒，發辯利舌，奮舒美辭，推心調諧，合爲夫妻，敝髮腐齒，終不相知。若藥物非種，名類不同，分刻參差，失其紀綱，雖黃帝臨爐，太乙執火，八公擣鍊，淮南調合，立宇崇壇，玉爲階陛，麟脯鳳腊，把籍長跪，禱祝神祇，請哀諸鬼，沐浴齋戒，冀有所望，亦猶和膠補釜，以硇塗瘡，去冷加冰，除熱用湯，飛龜舞蛇，愈見乖張。

此言「一陰一陽之謂道」「偏陰偏陽之謂疾」。苟得其配，不勞餘力，自然交通，以結聖胎；苟不得其配，則徒勞萬般，枉費神思，終不可得，愈見乖張矣。

周易參同契解卷下

抱一子陳顯微宗道　註解
紫霞山人涵蟾子　編輯

下篇

惟昔聖賢，懷玄抱眞。服鍊九鼎，化跡隱淪。含精養神，通德三光。津液腠理，筋骨緻堅。眾邪辟除，正氣常存。累積長久，變形而仙。憂憫後生，好道之倫。隨傍風采，指畫古今。著爲圖籍，開示後昆。露見枝條，隱藏本根。託號諸名，覆謬眾文。學者得之，韞櫝終身。子繼父業，孫踵祖先。舉世迷惑，竟無見聞。遂使宦者不仕，農夫失耘，商人棄貨，志士家貧。吾甚傷之，定錄此文。字約易思，事省不繁。披列其條，核實可觀。分兩有數，因而相循。故爲亂辭，孔竅其門。知者審思，用意參焉。

魏君慮世人不達其故，又指古之聖賢，懷玄抱眞，莫不服食九鼎，通德三光，故除邪存正，化形而仙。憂憫後生，好道之流，將僊經妄行箋註，不惟自無見聞，亦并與其子孫迷惑，故甚傷之，又述此篇。

法象莫大乎天地兮，玄溝數萬里。河鼓臨星紀兮，人民皆驚駭。晷影妄前卻兮，九年被凶咎。皇上覽視之兮，王者退自改。關鍵有低昂兮，害炁遂奔走。江淮之枯竭兮，水流注於海。天地之雌雄兮，徘徊子與午。寅申陰陽祖兮，出入復終始。循斗而招搖兮，執衡定元紀。

法象圖

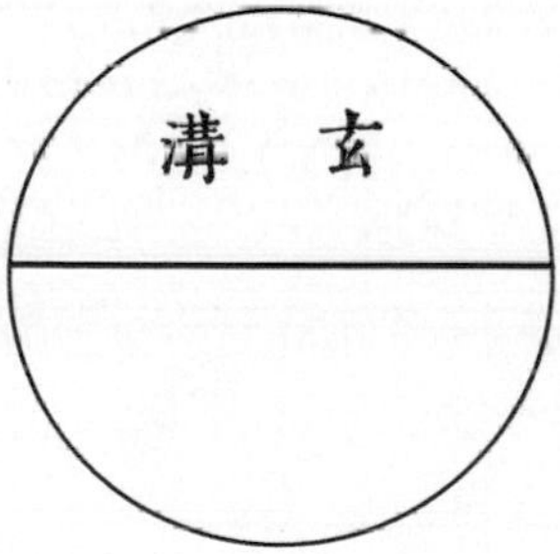

寅申陰陽出入圖

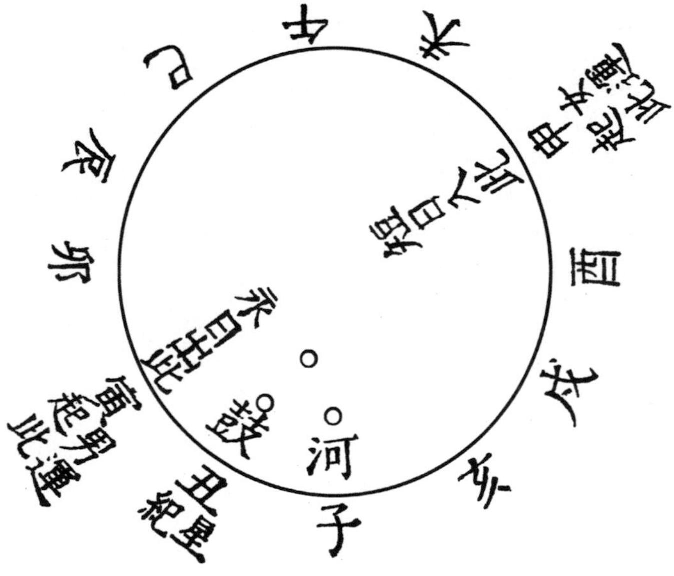

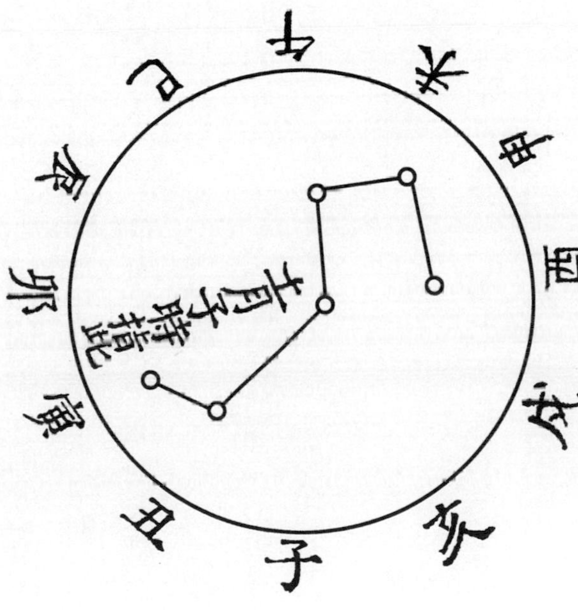
十一月子時指此
子
丑
寅
卯
辰
巳
午
未
申
酉
戌
亥

升熬於甑山兮，炎火張設下。白虎唱導前兮，滄液和於後。朱雀翱翔戲兮，飛揚色五彩。遭遇羅網施兮，壓之不得舉。嗷嗷聲甚悲兮，嬰兒之慕母。顛倒就湯鑊兮，摧折傷毛羽。漏刻未過半兮，魚鱗狎鬣起。五色象炫耀兮，變化無常主。潏潏鼎沸馳兮，暴湧不休止。接連重疊累兮，犬牙相錯距。形如仲冬冰兮，瓓玕吐鍾乳。崔嵬而雜厠兮，交積相文柱。

蒲團子按　「鬣」，道書全集本、道藏輯要本均作「鬣」，道藏本作「獵」。

此段魏君全彰玄關法象以示人也。

陰陽得其配兮，淡泊而相守。青龍處房六兮，春華震東卯。白虎在昴七兮，秋芒兑西酉。朱雀在張二兮，正陽離南午。三者俱來朝兮，家屬爲親侶。本之但二物兮，末而爲三五。三五之與一兮，都集歸一所。治之如上科兮，日數亦取甫。

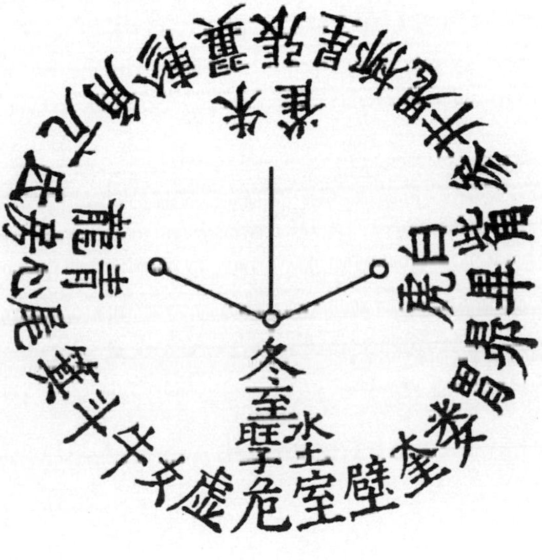
角亢氐房心尾箕斗牛女虛危室壁奎婁胃昴畢觜參井鬼柳星張翼軫
青龍
白虎
朱雀
冬至

先白而後黄兮，赤黑達表裏。名曰第一鼎兮，食如大黍米。自然之所爲兮，非有邪僞道。若山澤炁相蒸兮，興雲而爲雨。泥竭遂成塵兮，火滅化爲土。若蘗染爲黄兮，似藍成緑組。皮革煑成膠兮，麴蘖化爲酒。同類易施功兮，非種難爲巧。惟斯之妙術兮，審諦不誑語。傳於億世後兮，昭然自可考。焕若星經漢兮，昺如水宗海。思之務令熟兮，返復視上下。千周燦彬彬兮，萬遍將可睹。神明或告人兮，心靈乍自悟。探端索其緒兮，必得其門户。天道無適莫兮，常傳於賢者。

大丹九鼎者，謂神丹大九轉之功也。此乃無上至眞、超出三界之上藥。至於第一鼎之丹，亦須小九轉之功足備，方成黍米之狀，此玄珠之象也，其狀或白或黄，或青或黑，或赤，初無定色。又如眞珠之狀，古人謂之摩尼寶珠，常現五色。又曰「體似眞珠狀，丹砂本非赤」，皆親詣之語。其他妄言形狀，指畫千般，自誑何益？與其未識而妄言招譴，曷若懃懃懇懇，參師訪道，必到親見之地，然後立言，亦未爲晚。縱得之於身，不立言亦何害？魏君奉勸學者，且熟讀是書，千周萬遍，至誠不怠，或感神明告人，或得心靈自悟，自然探其端倪，得其門户，所謂「天道無適無莫，常傳於賢者」是也。愚嘗述立聖篇首篇云「大道無私感即來，神仙此語豈虛哉？苟非着意求鉛汞，爭悟天機脱聖胎」，亦此意也。**蒲團子按**「神丹大九轉」，道書全集本無「丹」字，據道藏輯要本、道藏本補入。

參同契者，敷陳梗概。不能純一，泛濫而説。纖微未備，闕畧髣髴。今更撰錄，補塞遺脱。潤色幽深，鉤援相逮。旨意等齊，所趨不背，故復作此，命五相類，則大易之情性明之盡矣。**蒲團子按**「大易之情性明之盡矣」，道書全集本、道藏輯要本均作「大昜之情性明之盡矣」，道藏本作「大昜之情性盡矣」。

五行相得而各有合

乙(浮左)丁(文火)己物辛(世銀)癸鉛

三木二火五土四金一水

甲(沉右)丙(武火)戊藥庚(世金)壬汞

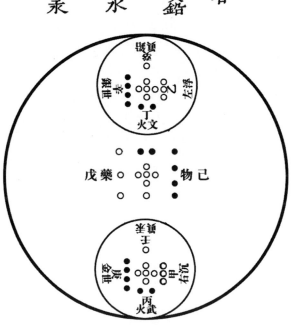

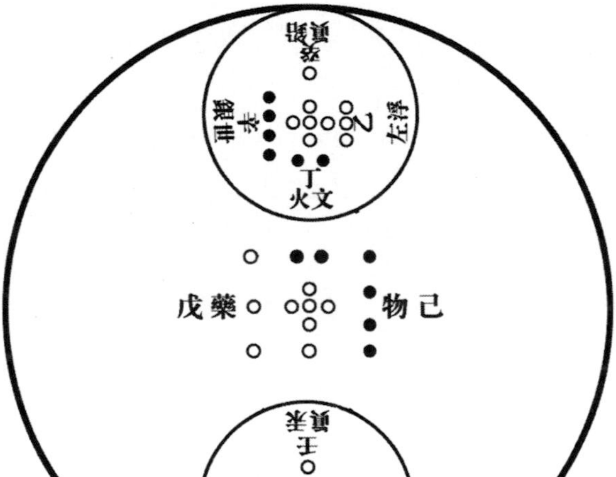

大易情性，各如其度；黄老用究，較而可御；爐火之事，眞有所據：三道由一，俱出徑路。

蒲團子按 「各如其度」之「如」，道藏輯要本、道藏本均作「如」，道書全集本作「知」，今從「如」。

大矣哉！道之爲道也，生育天地，長育萬物，造化不能逃，聖人不能名，伏羲由其度而作易，黄老究其妙而得虚無自然之理，爐火盜其機而得燒金乾汞之方，是皆仰觀俯察，遠取近用，或寓於言，或修於身，或託於物，事雖分三，道則歸一也。

枝莖華葉，果實垂布。正在根株，不失其素。誠心所言，審而不誤。

道不在言，言猶枝莖華葉也。因言會意，意猶果實垂布也。因意會道，道猶根株也。枝葉易見，果實易知，而根株則難見難知也。言則易知，意則易會，而造道之妙者鮮矣。然而根株雖隱，發露於葉莖，大道幽玄，發明於言語，況魏君誠心之言，審而不誤，在學者深造自得之耳。

蒲團子按 註文「審而不誤」，道書全集本作「審而不諸」，道藏輯要本、道藏本均作「審而不誤」，據文義改爲「審而不誤」。

會稽鄙夫，幽谷朽生。挾懷朴素，不樂權榮。棲遲僻陋，忽畧利名。

執守恬淡，希時安平。晏然閒居，乃撰斯文。歌敘大易，三聖遺言。察其旨趣，一統共論。

蒲團子按　「棲遲僻陋」之「陋」，道書全集本作「禍」，道藏輯要本、道藏本均作「陋」，今從「陋」。

魏君生於東漢，會稽上虞人也。挾朴懷素，忽畧利名，隱居學道，潛默修眞，不知師授誰氏，深造道玄，得太乙火符，金液九轉大還神丹之妙，既以利己，又以利人，乃撰斯文，開示後學，其功大矣！其德盛矣！而猶以鄙朽自牧，至人謙晦如此哉！此書與三聖所作大易，意趣大統相合，故命曰參同契云爾。

務在順理，宣耀精神。神化流通，四海和平。表以爲曆，萬世可循。序以御政，行之不繁。引內養性，黃老自然。含德之厚，歸根返元。近在我心，不離己身。抱一毋舍，可以長存。配以服食，雄雌設陳。挺除武都，八石棄捐。審用成物，世俗所珍。

讀是書者，務在順大易相參之理。近求諸己，使其間所言神通變化之用，歸之於精神心術之微，則入神致用之妙得矣。入神致用之妙得，則仙道成矣，豈惟學仙學道者賴是書哉？

序以御政，則刑不繁而四海平，表以爲曆，則神化通而萬世法。引內養性，則合黃老自然之道，含歸眞返元之德。配以服食，則雄雌制伏之事。但世人不當認爲外藥耳。苟妄認爲外藥，則武都雄黃、四神、八石之類，鍊而服之，去道遠矣。審其用而爲爐火之術，則能鍊世銀而爲黃金，乾水銀而爲白金，亦可爲世俗所珍也。

羅列三條，枝莖相連。同出異名，皆由一門。非徒累句，諧偶斯文。殆有其眞，礫硌可觀。使予敷僞，卻被贅愆。命參同契，微覽其端。辭寡意大，後嗣宜遵。委時去害，依託丘山。循遊寥廓，與鬼爲鄰。化形而仙，淪寂無聲。百世而下，遨遊人間。敷陳羽翮，東西南傾。堯湯厄際，水旱隔并。柯葉萎黃，失其華榮。吉人相乘負，安穩可長生。

蒲團子按「贅愆」，道書全集本、道藏輯要本均作「贅愆」，道藏本作「贅愆」，按世本應作「贅愆」，故改之。

此書三篇，大率首尾辭旨相似。魏君發明丹道，再三敷敘，重復其言者，蓋欲學者首尾相參，易於曉會。故其言謂此書三條皆枝莖相連，其辭旨雖取喻不同，似出異路，其實一門而已，豈徒然諧偶累句以求美誦耶？殆隱藏至理，礫硌可觀，因命曰參同契者，魏君自取是名也。既以是書示後世，則魏君自是隱矣。遂委時去害，依山託迹而仙。至於百世之下，遨遊人間，游戲三界，指示玄門，濟度群品，則未嘗不敷陳羽翮，借便於人也。何異孔子十翼易經乎？魏君豈一人忘天下乎？然魏君之旨，則在夫使東木南火西金三物歸於一家，如前篇三者俱來朝之義，使人尋文會旨也。至於道成之後，身外有身，如吉人相乘負，無往而不自由。雖當堯之洪水，湯之大旱，萬物萎黃，海變桑田，而其一靈妙有，乘眞金法身，往來自如，出入無礙，可謂安穩獲長生矣。

鼎器歌

圓三五。

蒲團子按　「圓」，道書全集本作「圖」，道藏輯要本、道藏本均作「圓」，今從「圓」。

鼎身周圍一尺五寸，以象三五之數。蓋圍十五，則徑五寸也。三五者，謂東三南二，二五也；中五，二五也；北一西四，三五也。本一太極〇之中，而含三五之妙。變五行爲三五，變三五爲一〇，金丹之妙，盡於是矣。故鼎器象焉。

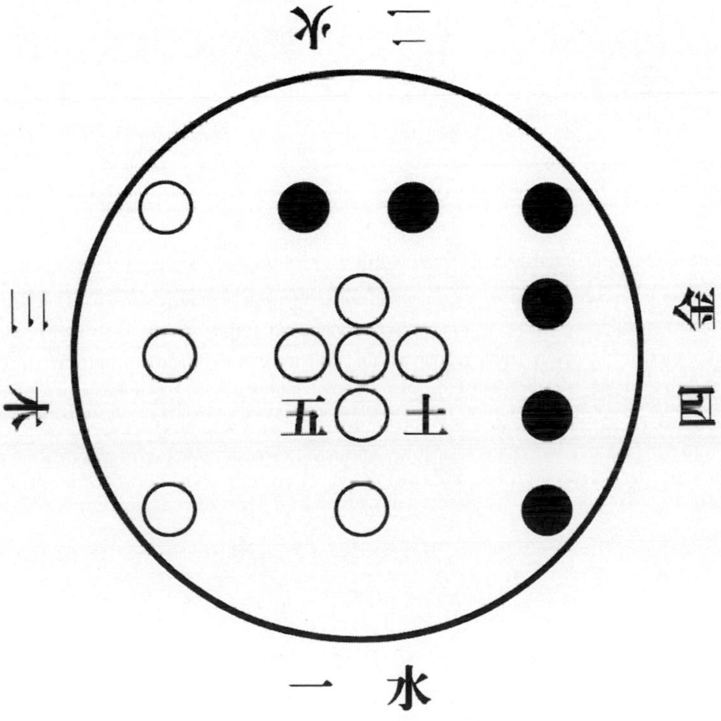
二火
三木
五土
四金
一水

寸一分。

厚一寸一分。

口四八。

四象八卦，合之十二也。鼎口周圍一尺二寸，以象一日十二時，循環十二位，而不出鼎口之義也。

兩寸脣。

鼎脣厚二寸，如兩層之狀，象乾坤兩儀，橐籥之形，亦如人有重脣也。

長尺二。

鼎高一尺二寸，象一年十二月，表周年火候，滿於一鼎。自十一月鼎底陽生一寸，至周歲則滿鼎矣。

厚薄均。

鼎上下厚薄均匀，表安爐立鼎無偏頗不均之處。

腹齊三。

安置鼎器，須要平正，使鼎口齊鼎心，鼎心齊鼎腹。三者既齊，始無傾側之患。

坐垂温。

鼎象人身，人象鼎，使口齊心、心齊腹，如是而坐垂温者，用火不必猛，所謂「温温鉛鼎」是也。

蒲團子按「如是」，道書全集本作「如使」，道藏輯要本、道藏本作「如是」，今從「如是」。

陰在上，陽下奔。

◓

首尾武，中間文。

進陽火，則子丑寅爲首，辰巳爲尾； 通陰符，則午未申爲首，戌亥爲尾。首尾俱用武火，至中宮沐浴，則用文火也。

始七十，終三旬。

始終百日之功，聖胎已就矣。

三百六，善調勻。

蒲團子按　「三」，道書全集本、道藏輯要本均作「三」，道藏本作「二」。

百日之後，更須謹調二百六十日火候，足成三百六十日，滿一周年之功也。

陰火白，黃芽鉛。

陰眞君詩云「火候遇陰爲太白」是也。陰，黑也。黑中用白，陰中用陽也。至寶得陰火方變作黃芽，產於陰方，黑鉛故也。

兩七聚，輔翼人。

陰眞君神室歌曰：「后土金鼎，生死長七。」蓋七者，火之成數也。所貴生界亦用七，死界亦用七，故曰「生死長七」。於陰陽兩界，用火不差，則兩火聚，而自然輔翼其中之眞人矣。

蒲團子按 「死界亦用七」之「亦」，道書全集本作「一」，道藏輯要本、道藏本均作「亦」，今從「亦」。

瞻理腦，定昇玄。子處中，得安存。

嬰兒在鼎，戀玄而住。天玄在上，則嬰兒隨昇。愛護安存，莫着外境。欲知端的意，北斗面南看。

蒲團子按 「護」，道書全集本作「獲」，道藏輯要本、道藏本作「護」，今從「護」。

來去遊，不出門。漸成大，情性純。

閉固微密，使無漏洩之虞，則聖體漸大，而情性愈純矣。

卻歸一，還本源。

聖胎既就，火候既終，則歸一還源也。

至一周，甚辛勤。密防護，莫迷昏。

一年火候，甚是辛勤，在修鍊之士，尤宜密加防護，惺惺不迷可也。

蒲團子按 正文、註文兩「護」字，道書全集本作「獲」，道藏輯要本、道藏本均作「護」，今從「護」。

途路遠，復幽玄。

前輩詩云：「一粒還丹大似拳，時人服了便登仙。莫教些子塵緣隔，阻隔蓬萊路八千。」

若達此，會乾坤。刀圭霑，淨魄魂。

修眞至此，方能曉會乾坤之理，而盜天地之化機。日飲刀圭，使魂靈魄聖也。

蒲團子按 「日飲刀圭」之「日」，道書全集本作「曰」，道藏輯要本作「口」，道藏本作「日」，今從「日」。

樂道者，尋其根。審五行，定銖分。

是理不出乎五行。苟好道參玄，尋其根源，審五行之細微，定銖分之輕重，則默而識之，不待口傳而自悟解，在學者專心致意、精思入神而已。

諦思之，不須論。深藏守，莫傳文。

學道之士，苟能因文悟解，則必傳諸文字，漏洩天機，切在隱秘深藏，毋遺輕洩之譴。

御白鶴兮，駕龍鱗。遊太虛兮，謁元君。受天圖兮，號眞人。

丹成之後，白鶴龍鱗，在我神通，自能變化，非出於外來也。世有不知修鍊積功累行可致神仙，而妄想求眞，有晝夜翹思而待天詔者，豈不謬哉？至有爲鬼神所迷，妖怪所惑，化作龍輿鳳輦，騰雲駕霧，卒陷狐魅者，多矣，又豈知變化自我者爲正者，自外來者未始不出於邪怪也！學者可不知之？

後序

丹經紫書，行於世者，多矣。惟魏伯陽依金碧龍虎經，論易象作參同契，敷敘丹法，最爲精詳。呂眞人之歌嘗曰：「金碧參同不計年，妙中妙兮玄中玄。」高象先詩亦云：「金碧龍虎參同契，留爲萬古丹中王。」蓋美之至也。越郡舊有彭眞一註本，僕曩得之，玩讀無慮數過，而辭深義隱，邈不可窺，扣諸江湖學仙之流，亦莫不以是病，只歎曰「道淵乎哉」。歲在甲辰陽月下弦日，天錫緣幸，獲遇抱一先生陳君於山陰之大雲。明年夏五圓日，再遇於在所之佑聖觀。先生且語僕曰：「子志於道，更當爲道立功。吾嘗狥友人之請，作參同契解一編，中所著辭，率皆直指，漏露丹秘，曾無留機，實欲開後學冥昧之徒，不敢爲古書幽深之語。子能謀爲傳行計，善行豈小哉！」僕既受其書，篝燈靜讀，玄玄之妙，朗在目前，不惟魏君本旨赫然彰明，而諸經書所秘而不敢言者且昭揭於此矣。卽舉手讚曰：「吾先生可謂慈仁之至，而是書可謂讀參同契者指南也。」敬募諸有緣相與而鋟之梓，所冀遞相授受，同志畢覽，因文悟解，立登眞玄。其或有未能盡悉淵微，猶俟夫師之親指者，則亦未免爲傍門邪徑、殊術臆說、似是而實非者亂惑也。後之覽者，願加之意。

淳祐乙巳仲秋旦日門人天台　稽首謹題

跋

嘗聞先達高象先詩云：「金碧龍虎參同契，留爲萬古丹中王。」又古今諸多尊參同契爲丹法之祖。蓋古有金碧龍虎經，辭寡意深，世人莫曉，至漢魏君伯陽演經爲契。魏君越之上虞人，今越之公庫板行，惟以彭曉箋義而爲善本。然世代遷革，今所行者，已非彭眞，獨首叙與明鏡圖得魏君之旨。至於諸家之註，皆以傍門附會，故張平叔慨歎世人將仙經妄行箋註者是也。

抱一先生陳君，自淮游浙，學者以是書質其眞僞。蓋世之好異之士，或以參同契爲僞書，猶今所行麻衣之易也。愚師事抱一先生最久，親聞奥論，謂：「魏君以『伯陽』自名，實老氏之化身也，而參同契辭章近古，全述眞機，實魏君之言，非常人所可擬述也。猶麻衣之易，實陳希夷記録麻衣之言，非世儒可道。而或者妄傳以爲己作，惑誤後人，是猶貪天之功，豈不獲罪於天耶？」愚聞是語，心融意釋，因請抱一先生爲之註。然而先生無心事事，不可以筆硯浼。愚時以一二段求釋其旨。歲月既久，方成全編。敬命梓工，以傳同志。

嘻！金碧經待參同而始顯，參同得先生解而始明，是猶春秋之有左傳，又得杜預爲之釋也。上天憐愍學道者流，生先生於斯世，發明丹經之秘奧，學者秘而傳諸，毋貽輕洩漏慢之譴，不勝至禱。

時端平改元正旦希微子王夷焚香再拜誓心敬跋